Jean Pütz · Ellen Norten

Joghurt, Quark & Käse

Für ein starkes Immunsystem

vgs

Die Deutsche Bibliothek – CIP-Einheitsaufnahme

Hobbythek / ARD, WDR. – Köln : vgs
Früher u. d. T.: Das Hobbythek-Buch
Pütz, Jean: Joghurt, Quark und Käse. – 1998

Pütz, Jean:
Joghurt, Quark und Käse : für ein starkes Immunsystem / Jean Pütz ; Ellen Norten. – Köln : vgs, 1998
(Hobbythek)
ISBN 3-8025-6213-5

Die Vorschläge und Rezepte in diesem Buch sind von Autoren und Verlag nach bestem Wissen und Gewissen sorgfältig erwogen und geprüft. Autoren und Verlag übernehmen keine Haftung für etwaige Personen-, Sach- und Vermögensschäden, die sich aus dem Gebrauch oder Mißbrauch der in diesem Buch dargestellten Rezepte ergeben.

Bildquellen:
S. 8: Cornelis Gollhardt, Stephan Wieland und Jörg Zaber, Düsseldorf
S. 11, 30, 32, 34 (Abb. 9), 50: CMA, Centrale Marketinggesellschaft der deutschen Agrarwirtschaft mbH, Bonn
S. 12: Ullstein Bilderdienst, Berlin
S. 16: Yakult Deutschland GmbH
S. 21: Ellen Norten, Bonn
S. 31: Schönegger Käse-Alm, Prem
S. 55: Bayer AG, Leverkusen
Alle übrigen Fotos: Cornelis Gollhardt, Köln/Stephan Wieland, Düsseldorf
Grafiken: Designbureau Jochen Kremer/Gabi Mahler, Köln

2. Auflage 1999

Umschlagfoto: Cornelis Gollhardt, Köln/Stephan Wieland, Düsseldorf
Umschlaggestaltung: KOMBO Kommunikationsdesign GmbH, Köln
Redaktion: Martina Weihe-Reckewitz
Lektorat: Alexandra Panz
Produktion: Wolfgang Arntz
Gesamtherstellung: Universitätsdruckerei H. Stürtz AG, Würzburg
Printed in Germany
ISBN 3-8025-6213-5

Inhalt

Liebe Leserinnen und Leser,

fast 20 Jahre ist es her, daß wir uns in der Hobbythek zum ersten Mal mit Käse beschäftigt haben. Es war damals nicht einfach, an Hintergrundwissen heranzukommen, denn die Hobbythek war noch nicht so populär wie heute. Nur schwer konnten wir Fachleute zur Mitarbeit und Unterstützung unserer Recherchen gewinnen; manche standen uns sogar feindlich gegenüber und wollten sich partout nicht in ihre „Kochtöpfe" schauen lassen. Heute wissen wir, daß schon damals nicht alles so war, wie es sein sollte. Die Chemie hatte sich bereits im Käse breitgemacht, obwohl Milchprodukte als Naturprodukt par excellence angepriesen wurden.
Heute kann man uns kein X mehr für ein U vormachen, ja wir mischen sogar kräftig mit, was Innovationen anbelangt, allerdings auf natürlicher Basis – unsere Bücher legen darüber Zeugnis ab.
Ein weiteres Problem bei unseren Rezepten zum Selbermachen lag darin, daß es äußerst schwierig war, Ihnen, liebe Leserinnen und Leser, die Zutaten zugänglich zu machen, die zur jeweiligen Realisierung notwendig sind. Was den Käse anbelangt, benötigt man beispielsweise unbedingt das Ferment Lab (siehe *Seite 27*), welches auch bei der Herstellung zu Hause unentbehrlich ist. Dieses Enzym, das der Milchgerinnung dient, wurde früher aus Kälbermägen gewonnen, heute hat auch hier die Gentechnik Einzug gehalten. Selbstverständlich haben wir dafür gesorgt, daß Sie nicht darauf zurückgreifen müssen, sondern präsentieren Ihnen ein absolut natürliches Lab. Im übrigen war Lab das erste Produkt, das, um es zu verkaufen, das Prädikat „Hobbythek" erhielt. Labtabletten-HT waren damals über Apotheken und Drogerien zu erhalten und wurden sogar in der berühmten „Lauerliste" geführt, dem Nachschlagewerk der Apotheker und Drogisten.
Bei anderen notwendigen Rohstoffen, zum Beispiel zur Umsetzung unserer Kosmetikrezepte, war die Mehrzahl der Apotheker und Drogisten leider nicht bereit, diese in ihr Sortiment aufzunehmen. Deshalb entstanden rund um unsere Sendungen eine Fülle von Firmen und Läden, die den Vertrieb übernommen haben (siehe *Bezugsquellenverzeichnis*). Weil diesbezüglich viele Mißverständnisse existieren, sei hier noch einmal deutlich gesagt, daß die Hobbythekmitarbeiter wie der WDR oder die vgs verlagsgesellschaft niemals direkt oder indirekt an den Erlösen der Produkte der Hobbythek beteiligt waren und sind. Dies ist für uns alle eine Ehrensache!
Vielleicht interessiert Sie, auf welche Weise die Firmen den Vorzug erhalten haben, in unser Bezugsquellenverzeichnis aufgenommen zu werden: Jeder Firma, von der wir wissen, daß sie bereit ist, Teile des Hobbytheksortiments, zum Beispiel die Rohstoffe, die in diesem Buch eine Rolle spielen, zu führen, wird von uns angeschrieben. Wenn wir von ihnen eine Zusage erhalten, werden sie aufgeführt. Natürlich werden auch neue Firmen gerne aufgenommen. Ich habe immer schon bedauert, daß Supermarktketten oder Apotheken und Drogerien es bisher ablehnten, unsere Hobbythekprodukte zu vertreiben. Das liegt möglicherweise aber auch daran, daß man diese Produkte nicht einfach im Ladenregal zur Selbstbedienung anbieten kann, sondern sie manchmal der Erklärung bedürfen.
In unserer schnellebigen Zeit findet so etwas wie ein Hobbythekprodukt natürlich keinen Platz. Daß mit unseren Produkten aber durchaus Geld verdient

werden kann, sehen Sie an den vielen Anbieterfirmen, von denen einige sogar bereits eine Reihe von Filialen eröffnet haben.
Leider müssen wir an dieser Stelle auch einmal feststellen, daß sich manche der Läden trotz einer verbindlichen Zusage nicht immer an unsere Vorgaben halten. Diese Zusagen beziehen sich sowohl auf von uns gestellte Qualitätskriterien, die Dauer des Anbietezeitraums als auch auf den notwendigen Service. Bedauerlicherweise können wir nicht jede Firma überprüfen, und ich kann Ihnen daher nur raten, den Laden zu wechseln, wenn Sie nicht unseren Vorgaben entsprechend bedient werden. Ich weiß aber auch, daß dies manchmal etwas schwierig ist, denn obwohl fast 300 bis 400 Läden die Hobbythekzutaten vertreiben, ist nicht in jeder Stadt ein solcher vertreten. Prüfen Sie deshalb einmal, ob Sie sich die Zutaten nicht per Versand zukommen lassen können, einige Firmen bieten diesen Service nämlich an.
Wenn Sie nicht zufrieden sind, dann sagen Sie es uns, denn in der Vergangenheit hat es doch so manchen Anlaß zur Klage gegeben. So wurde uns zugetragen, daß manche Anbieter gar unsere Ideen verfälschen, zum Beispiel indem sie zuckersüße Sirupsorten verkaufen, die mit den von uns entwickelten Frusip's (siehe *Seite 38*) nichts gemein haben. Das entspricht natürlich nicht unseren Vorstellungen von gesunder Ernährung. Gleiches gilt auch für viele andere Produkte.
Ich halte diesen Hinweis für besonders wichtig im Zusammenhang mit den Naturprodukten Joghurt, Quark und Käse. Die Rezepte gelingen oft nur mit den genannten Rohstoffen. Lassen Sie sich nicht an der Nase herumführen. Für die von uns benannten Produkte haben wir vorsorglich auch beim Bundespatentamt Markenschutz angemeldet, aber nur damit uns nicht jeder ins Handwerk pfuschen kann, denn verdienen tun wir – wie gesagt – nichts daran; der Markenschutz soll Ihnen eine gewisse Warensicherheit garantieren.
Wir bieten Ihnen in diesem Buch neben vielen leckeren Rezepten auch eine Menge Hintergrundinformationen, die es Ihnen ermöglichen sollen, sich bewußt gesund zu ernähren. 24 Jahre hat die Hobbythek das Ziel, „trojanisches Steckenpferd" zu sein, konsequent verfolgt, d. h. vor allem den Nutzen von Wissenschaft im Alltag darzustellen.
Es freut mich besonders, daß wir so viele junge Menschen ansprechen und daß sich trotzdem ebenso viele ältere Menschen nicht minder für unsere Inhalte interessieren. Damit bestätigt sich, daß die Hobbythek eine Sendung für alle ist, d. h. für die ganze Familie, aber auch für Singles.
Vielleicht korrigieren wir damit eine fatale Entwicklung der heutigen Zeit, sich von der Wiege bis zur Bahre den internationalen Konzernen auszuliefern. Betrachten Sie doch nur einmal den Lebensmittelsektor: Es beginnt schon im Babyalter mit entsprechenden Muttermilchersatzpulvern bis hin zu den Tausenden von Fertigmenüs, die einem angeblich das Leben erleichtern sollen.
Auf der letzten weltweit größten Lebensmittelmesse, der ANUGA, waren dem Thema Convenience Food mehrere Hallen gewidmet – dieser Entwicklung scheinen keine Grenzen gesetzt zu sein. Da verwundert es, daß gerade Sendungen zum Thema Kochen im Fernsehen so große Einschaltquoten bringen. Mein Kollege Alfred Biolek freut sich darüber ganz besonders. Möglicherweise sind wir zu einer Zaungastgesellschaft geworden – nach dem Motto: Zuschauen ja, aber umsetzen können es die anderen. Ich hoffe, daß wir diese Entwicklung durch unsere Bücher etwas bremsen oder sogar umkehren können.
Dieses Buch ist durch echtes Teamwork entstanden, und deshalb möchte ich zunächst einmal der Co-Autorin Dr. Ellen Norten herzlich danken. Sie hat sich sehr viel Mühe bei den Recherchen gemacht, hat vieles Interessantes und Wissenswertes ausgegraben und teilweise in Ihrer eigenen Küche umgesetzt. Unterstützt wurde Sie dabei von der Biologiestudentin Pia Prasch und den Ökotrophologiestudentinnen Tanja Altrogge, Daniela Rüffer und Anuschka Afchar. Etliche besonders raffinierte Rezepte hat die Ernährungsspezialistin Christina Bittner für uns ausgetüftelt. Das Ergebnis kann sich sehen lassen, und ich wünsche Ihnen Gesundheit und viel Spaß bei der Realisierung unserer Rezepte.

Ihr

Am Anfang war die Milch

Egal ob Joghurt, Quark, Käse, Kefir oder Dickmilch – eines haben diese leckeren Speisen und Getränke gemeinsam: Sie alle sind aus Milch hergestellt. Diese wird vergoren oder fermentiert und liegt dann in flüssiger, dickflüssiger, halbfester oder ganz fester Form vor. Das, was einen französischen Camembert von einem schnittfesten Edamer unterscheidet, liegt also eher in der Art der Herstellung und weniger in der Wahl der Zutaten. Entscheidend ist nämlich immer die Milch; ihr werden bestimmte Bakterien- oder Pilzkulturen und meist auch ein Ferment zugesetzt, und schon erhält man Joghurt, Kefir, Käse oder Quark – ganz wie es beliebt. Werden ausschließlich Bakterienkulturen eingesetzt, so entsteht Joghurt; verwenden wir einen Pilz, erhalten wir Kefir, mit Hilfe von Säuerungskulturen und einem Enzym wird Quark oder Käse produziert. Kein Wunder, daß diese Lebensmittel alle zusammen gerne als Milch produkte bezeichnet werden.

Abb. 1: Milch ist die Ausgangssubstanz von so unterschiedlichen Produkten wie Joghurt, Quark, Käse, Dickmilch oder Kefir.

Milch – Getränk und Lebensmittel

Milch ist das erste Nahrungsmittel, mit dem wir Menschen Erfahrung machen. Die Natur hat sie als alleiniges Nahrungsmittel für die Neugeborenen aller Säugetiere vorgesehen, egal ob es sich um menschliche Säuglinge, Kälber, Ferkel, Walbabys oder Löwenjunge handelt. Muttermilch enthält praktisch alle zur gesunden Entwicklung des Nach wuchses notwendigen Bestandteile. Natürlich hat sie deshalb auch erhebliche Kalorien, denn die Kleinen benötigen zum Wachstum viel Energie. Diese Energie wird in erster Linie über den Fettgehalt der Milch geliefert. Aus diesem Grund kann man Milch statt als Getränk auch viel eher als ein flüssiges

Lebensmittel bezeichnen. Weiterhin enthält sie ca. 3,5 Prozent Eiweiß, das so hochwertig ist, daß es im Prinzip alle essentiellen Aminosäuren – das sind die Eiweißbausteine, die unser Körper lebensnotwendig braucht – in den richtigen Konzentrationen liefert. Zu Beginn der Stillphase enthält die Muttermilch zudem Antikörper, die den Säugling in den ersten Wochen vor Infektionen schützen. Erst dann wird das Immunsystem des Babys voll entwickelt sein und für die ersten eigenen Abwehrkräfte sorgen.

Natürlich enthält Milch auch Kohlenhydrate, wobei das bekannteste wohl der Milchzucker ist. In isolierter Form kann er als leichtes Abführmittel eingesetzt werden, weil er Wasser bindet und bei Erwachsenen nur zum Teil verdaut wird (siehe *Seite 9 ff.*). Milch ist außerdem reich an Mineralien, insbesondere enthält sie viel Calcium für den Aufbau der Knochen. Der Anteil der Vitamine ist dagegen relativ gering.

Doch Milch und Milchprodukte sind nicht nur auf das Säuglingsalter begrenzt, sondern begleiten uns weiter durch unser gesamtes Leben – und das schon seit sehr langer Zeit. Experten schätzen, daß vor ca. 10 000 Jahren Tiere das erste Mal vom Menschen gezähmt und gemolken wurden. In unseren Breiten handelt es sich bei der Milch in der Regel um Kuhmilch, in Südosteuropa wird auch Ziegen-, Schaf- und sogar Esels- und Pferdemilch verarbeitet. Auch bei uns ist diese Milch in speziellen Läden (Reformhäuser, Geschäfte, die auf exotische Lebensmittel spezialisiert sind) erhältlich.

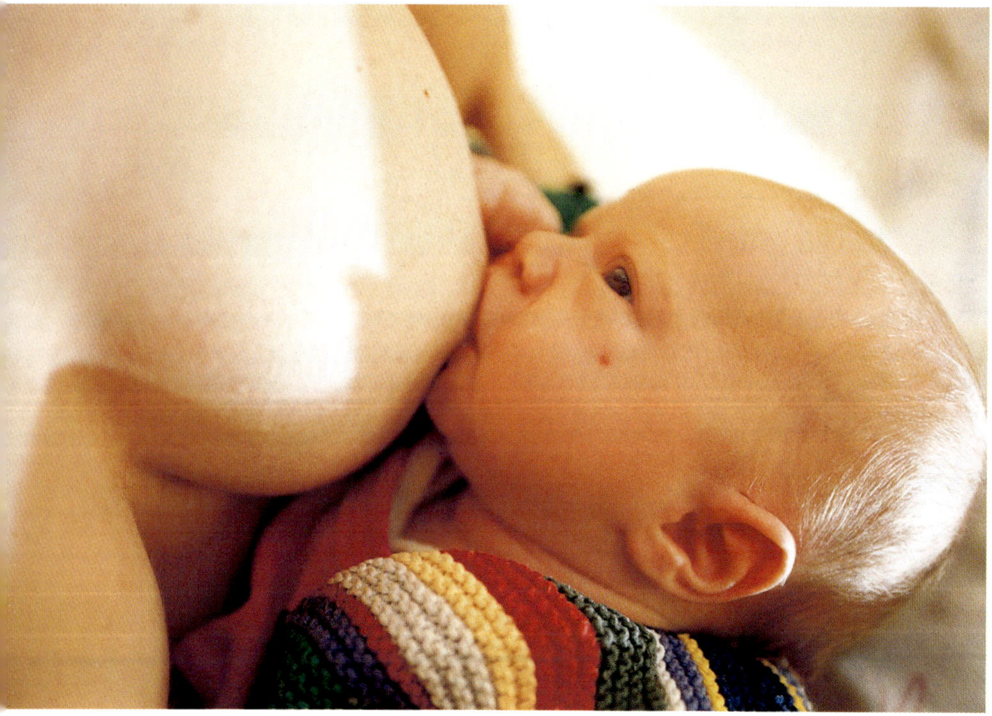

Abb. 2: Muttermilch ist die beste Nahrung, die Sie Ihrem Kind geben können.

Milch besteht aus Fett und Wasser und ist damit eine Emulsion. Daß sich diese beiden Phasen in der Kuhmilch dennoch miteinander mischen, bedingt ein natürlicher Emulgator, nämlich das Lecithin. Doch Lecithin erfüllt diese Aufgabe nur über einen begrenzten Zeitraum, danach setzt sich das Fett der Milch langsam auf der Oberfläche ab. Dies ist der Rahm oder die Sahne, den unsere Großmütter noch vom Milchfaß abschöpfen konnten. Bei der gekauften Milch geschieht das nicht mehr, denn sie wird homogenisiert. Dabei werden die Fetttropfen stark verkleinert, gleichmäßig in der Milch verteilt und scheiden sich deshalb nicht mehr so leicht auf der Milchoberfläche ab – die Milch ist stabilisiert, der Rahm bleibt gleichmäßig verteilt.

Normale Vollmilch im Laden enthält übrigens 3,5 Prozent Fett, fettarme Milch hat einen Fettanteil von 1,5 Prozent. In vielen Milchprodukten liegt die Fettmenge aber weitaus höher, da ein

Teil des Wassers herausgezogen wurde. In den Molkereien werden die Milchfette zu Butter verarbeitet. Diese enthält aber immer noch knapp 20 Prozent Wasser. Dagegen handelt es sich beim Butterfett oder Butterschmalz um Reinfett. Dazu werden die Milchfette geschmolzen und das Wasser abgeschöpft. Butterfett eignet sich gut zum Braten und sogar zum Fritieren und ist länger haltbar.

Laktoseintoleranz – wenn die Milch zur Qual wird

Es gibt Menschen, die Milch nicht vertragen können. Diese Unverträglichkeit – die sogenannte Laktoseintoleranz – entsteht erst im Laufe der Zeit. Die Milch aus der Mutterbrust verursacht normalerweise noch keine Beschwerden, das ist erst später beim Verzehr von anderer tierischer Milch der Fall. Entscheidend für die Probleme mit der Milch ist der Milchzucker (Lactose). Dieser wird in unserem Körper normalerweise durch ein Enzym, die Lactase, abgebaut. Lactase wird nun bei vielen Erwachsenen nicht mehr oder nur noch in geringem Umfang produziert, der Milchzucker kann kaum noch verdaut werden. Betroffene reagieren mit Bauchschmerzen, Blähungen und Durchfall. Diese Milchzuckerunverträglichkeit oder Laktoseintoleranz ist keineswegs selten: 10 bis 15 Prozent der Deutschen leiden darunter, in vielen anderen Ländern liegt die Zahl bedeutend höher. Beson-

	Vollmilch (mind. 3,5 % Fett)	Milch, fettarm (mind. 1,5 %, höchst. 1,8 % Fett)	Magermilch (höchst. 0,3 % Fett)
Energiegehalt (der verdaulichen Bestandteile aus 100 g trinkbarem Anteil)	65 kcal	47 kcal	35 kcal
Hauptbestandteile (pro 100 g trinkbarem Anteil)			
Wasser	87,7 g	89,6 g	90,9 g
Eiweiß	3,3 g	3,4 g	3,5 g
Fett	3,6 g	1,6 g	0,1 g
Kohlenhydrate	4,6 g	4,6 g	4,8 g
Organische Säuren	0,2 g	0,2 g	0,2 g
Mineralstoffe	0,7 g	0,7 g	0,8 g
Mineralstoffe			
Natrium	50 mg	50 mg	55 mg
Kalium	155 mg	150 mg	150 mg
Magnesium	12 mg	12 mg	14 mg
Calcium	120 mg	120 mg	125 mg
Mangan	3 µg	3 µg	4 µg
Eisen	45 µg	45 µg	75 µg
Kupfer	17 µg	10 µg	10 µg
Zink	380 µg	370 µg	400 µg
Phosphor	90 mg	90 mg	95 mg
Chlorid	100 mg	100 mg	100 mg
Fluorid	17 µg	17 µg	17 µg
Jodid	3 µg	3 µg	3 µg
Selen	—	—	5 µg
Vitamine			
Vit. A	30 µg	13 µg	2 µg
Carotin	17 µg	8 µg	Spuren
Vit. D	60 ng	30 ng	—
Vit. E	85 µg	35 µg	Spuren
Vit. K	4 µg	2 µg	—
Vit. B_1	35 µg	35 µg	40 µg

Tabelle 1: Inhaltsstoffe von Kuhmilch

	Vollmilch (mind. 3,5 % Fett)	Milch, fettarm (mind. 1,5 %, höchst. 1,8 % Fett)	Magermilch (höchst. 0,3 % Fett)
Vitamine			
Vit. B_2	180 µg	180 µg	170 µg
Nicotinamid	90 µg	90 µg	95 µg
Pantothensäure	350 µg	350 µg	280 µg
Vit. B_6	45 µg	45 µg	50 µg
Biotin	4 µg	4 µg	2 µg
Folsäure	6 µg	5 µg	5 µg
Vit. B_{12}	420 ng	420 ng	300 ng
Vit. C	2 mg	2 mg	1 mg
Aminosäuren			
Arginin	120 mg	130 mg	130 mg
Histidin	90 mg	95 mg	90 mg
Isoleucin	210 mg	220 mg	220 mg
Leucin	350 mg	360 mg	340 mg
Lysin	260 mg	280 mg	270 mg
Methionin	85 mg	90 mg	85 mg
Phenylalanin	170 mg	180 mg	170 mg
Threonin	150 mg	160 mg	160 mg
Tryptophan	45 mg	50 mg	50 mg
Tyrosin	170 mg	180 mg	180 mg
Valin	230 mg	240 mg	240 mg
Kohlenhydrate			
Lactose	4550 mg	4570 mg	4800 mg
Lipide			
Palmitinsäure	930 mg	400 mg	18 mg
Stearinsäure	400 mg	180 mg	7 mg
Ölsäure	890 mg	380 mg	17 mg
Linolsäure	90 mg	60 mg	200 µg
Linolensäure	25 mg	30 mg	100 µg
Cholesterin	12 mg	5 mg	2 mg
Sonstige Inhaltsstoffe			
Zitronensäure	210 mg	210 mg	220 mg

Tabelle 1 (Fortsetzung) *µ = Mikro = 10^{-6}; n = Nano = 10^{-9}*

ders Asiaten und Afrikaner sind betroffen; sie können fast generell keine Milch mehr zu sich nehmen, ohne unter Völlegefühl oder Magen-Darm-Beschwerden zu leiden. Dabei ist es übrigens völlig egal, ob es sich um Kuh-, Ziegen-, Schafmilch oder um eine andere Milchsorte handelt, entscheidend für die Unverträglichkeit ist immer der in der Milch enthaltene Milchzucker. Eine Ausnahme ist die Sojamilch, die aus Pflanzen gewonnen wird und keinen Milchzucker enthält. Menschen, die extrem empfindlich auf Tiermilch reagieren, können deshalb auf Sojamilch ausweichen. Auch sie läßt sich zu Joghurt, Quark und Käse weiter verarbeiten.
Übrigens leiden auch Katzen unter Laktoseintoleranz; das wohlgemeinte Milchschälchen kann für sie also zu schlimmen Beschwerden führen. Ausführlicher sind wir auf dieses Thema im „Hobbythek-Katzenbuch" eingegangen.
Laktoseintolerante Menschen sollten wegen der körperlichen Probleme auf größere Mengen Milch verzichten. Sie

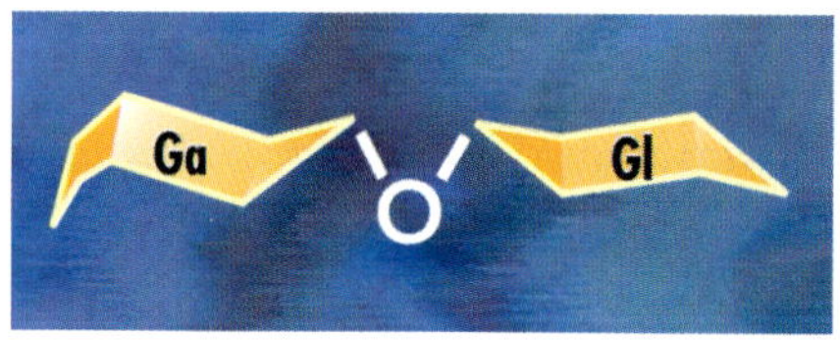

Abb. 3: Lactose oder Milchzucker setzt sich aus den Einfachzuckern Galactose und Glucose zusammen.

können jedoch Joghurt essen, da die Milchsäurebakterien hier den Milchzucker bereits zu Milchsäure vergoren haben. Das gilt auch für alle sonstigen Säuerungskulturen, die bei der Herstellung von Quark oder Käse eingesetzt werden. Eine Ausnahme ist der Mozzarella (siehe *Seite 46*), er enthält Reste von Milchzucker und wird von empfindlichen Menschen oft nicht vertragen.

Abb. 4: In unseren Breiten ist zumeist Kuhmilch Ausgangsprodukt von Joghurt, Quark und Käse. Diese dafür berühmte Kuh trägt die Landkarte Nordamerikas auf ihrer Seite

Das Euter als Bioreaktor

Im Zeitalter der Molekularbiologie hält erstmals auch die Gentechnik Einzug in die Molkereiproduktion und in die Rinderzucht selbst. Tatsächlich haben Wissenschaftler bereits Rinder gentechnisch verändert. So sollen die weiblichen Nachkommen des niederländischen Bullen „Hermann" in ihrer Milch große Mengen des in der menschlichen Muttermilch vorkommenden Eiweißes Laktoferrin herstellen, das später industriell gefertigter Säuglingsnahrung zugesetzt werden soll. Dort schützt es das Kind vor Durchfallerkrankungen, die aufgrund von Laktoferrinmangel entstehen können. Laktoferrin ist leider in natürlicher Kuhmilch kaum vorhanden. Auch gentechnisch veränderte Schafe produzieren mittlerweile für die Pharmaproduktion und Medikamentenherstellung Eiweiße in ihrer Milch. So bildet das schottische Schaf Tracy ein Eiweiß, das zur Behandlung von Lungenemphysemen eingesetzt werden soll. Ob das Euter von Tieren zukünftig tatsächlich als Bioreaktor für die Pharmaproduktion herhalten muß oder ob diese kühnen Experimente eher Einzelfälle darstellen, bleibt abzuwarten. Die Gefahr, daß gentechnisch veränderte Milch im Supermarkt angeboten wird, ist relativ gering – und wenn, dann muß sie nach europäischem Recht gekennzeichnet sein, ein Blick auf das Etikett genügt also.

Kleine Bakterienkunde – gestern und heute

Während bei uns erst im letzten Viertel des vorigen Jahrhunderts Sauermilcherzeugnisse bekannt wurden, nutzen die Völker des Balkans, der Türkei und Kleinasiens diese Milchprodukte schon seit Jahrtausenden. In den Balkanländern heißen sie unter anderem „Jaour-

Abb. 5: Der russische Arzt und Bakteriologe Ilja Metschnikow (1845–1916).

thi", woraus sich der bei uns noch immer etwas ungewöhnliche Name Joghurt ableitet. Doch nicht nur der gute Geschmack, sondern noch eine weitere Tatsache führten alsbald zu einer schnellen Verbreitung des neuen Produkts: Joghurt galt von Anfang an als gesund. Dies lag daran, daß die Menschen auf dem Balkan häufig 90, 100 oder sogar noch mehr Jahre alt werden und dabei gesund und vital bleiben. Dies führte man vor allem auf den regelmäßigen Konsum von Kuh-, Ziegen- und Schafmilchprodukten zurück.
Ein besonderer Befürworter dieser Ansicht war der russische Bakteriologe Ilja Metschnikow (1845-1916). Er wußte bereits damals, daß Joghurt Bakterien enthält, die uns nützen. Gleichzeitig hatte er erkannt, daß in den unteren Darmabschnitten des Menschen Bakterien leben, die er – allerdings fälschlicherweise – als übel erachtete, da sie seiner Meinung nach die Eiweiße zum Verfaulen brachten und auf diesem Weg Giftstoffe produzierten.

Nach Metschnikows These siedelten sich die nützlichen Joghurtkeime bereits im Dünndarm an und produzierten dort Milchsäure. Diese säuerte den Inhalt der folgenden Darmabschnitte an, und auf diesem Weg sollte das Wachstum der Fäulniserreger verhindert werden. Wer also viel Joghurt aß, der entwickelte viel Milchsäure in seinem Darm und konnte, wie die Bewohner des Balkans, gesund alt werden – so sein Schluß. Wir wissen heute, daß die Theorie von Metschnikow nicht genau den Tatsachen entspricht, denn die Bakterien in unserem Dickdarm sind schließlich äußerst wichtig, da sie viele gesundheitsfördernde Eigenschaften zeigen und unser Immunsystem trainieren. Im Prinzip erkannte der Forscher jedoch schon damals mit den ihm zur Verfügung stehenden primitiven Mitteln den Kern des Ganzen.
Metschnikow isolierte zwei Bakterienarten aus Joghurt, nämlich ein stäbchenförmiges und eines in der Form einer kleinen Kugelkette. Bei dem Stäbchen handelt es sich um einen Bazillus, deshalb nannte man es zunächst *Lactoba-*

cillus bulgaricum, heute sprechen wir von *Lactobacillus bulgaricus*. Der zweite Keim ist *Streptococcus thermophilus*. Beide produzieren ausschließlich aus Milchzucker Milchsäure, denn aus dieser Reaktion gewinnen sie ihre Lebensenergie und können sich kräftig vermehren.
Neben diesen beiden gibt es noch eine ganze Reihe weiterer segensreicher Keime, zum Beispiel *Lactobacillus acidophilus*, *Lactobacillus casei* und verschiedene gabelförmige Bifidobakterien (bifidus heißt „zweigeteilt", „gespalten"). Diese kommen übrigens auch schon im Darm eines Neugeborenen vor (siehe *Seite 15f.*).
Von jeder dieser Bakterienarten gibt es eine Vielzahl von verschiedenen Stämmen. Sie gehören zwar alle der gleichen Art an, unterscheiden sich aber minimal in ihren Eigenschaften, was sich unter anderem auf den Geschmack des Endprodukts auswirkt. Vergleichbar ist dies mit uns Menschen: Auch wir gehören alle der gleichen Art an, unterscheiden uns aber schon rein äußerlich in Kleinigkeiten wie unterschiedliche Größe, Haarstruktur, Hautfarbe usw.

Übrigens sind auch Sauergemüse wie Gurken, Sauerkraut oder Oliven, aber auch Pökelwaren, Rohwurst und Fischmarinaden unter anderem auf die Aktivität eifriger Mikroorganismen zurückzuführen. Als besondere Delikatesse gelten die sauren Spreewaldgurken, die auch in Milchsäure eingelegt sind. Diese ist durch die Arbeit fleißiger Milchsäurebakterien, die natürlicherweise auf der Oberfläche dieser Gurken vorkommen, entstanden.

Linksherum, rechtsherum – der große Flop der Wissenschaft

Milchsäure ist das zentrale Stoffwechselprodukt der Milchsäurebakterien. Dabei lassen sich zwei Arten, nämlich die rechtsdrehende oder L(+)- und die linksdrehende oder D(–)-Milchsäure, unterscheiden. Beide Milchsäuren sind chemisch identisch, unterscheiden sich jedoch in ihrer räumlichen Anordnung: Ihre Moleküle passen wie Bild und Spiegelbild zueinander, vergleichbar mit unserer rechten und linken Hand.
Dieser Unterschied äußert sich in einer physikalisch-chemischen Eigenschaft der Milchsäure, nämlich in ihrer sogenannten optischen Aktivität. Die optische Aktivität entsteht durch die räumliche Anordnung des Moleküls und besagt, daß Licht einer Schwingungsebene beim Durchtritt durch das Molekül nach links (–) bzw. rechts (+) gedreht wird.
Nun kann unser Körper linksdrehende Milchsäure nicht selber herstellen und baut sie im Vergleich zu der rechtsdrehenden Form auch etwas langsamer ab. Diese harmlose Eigenschaft des Moleküls wurde für eine Übersäuerung des Blutes (Azidose) verantwortlich gemacht. Sogar die WHO und die FAO glaubten diese kühnen Behauptungen zunächst und erließen sogar eine Höchstmengenbegrenzung für D(–)-Milchsäure. Erst 1974 wurde diese Entscheidung wieder aufgehoben, da sie wissenschaftlich nicht haltbar war.

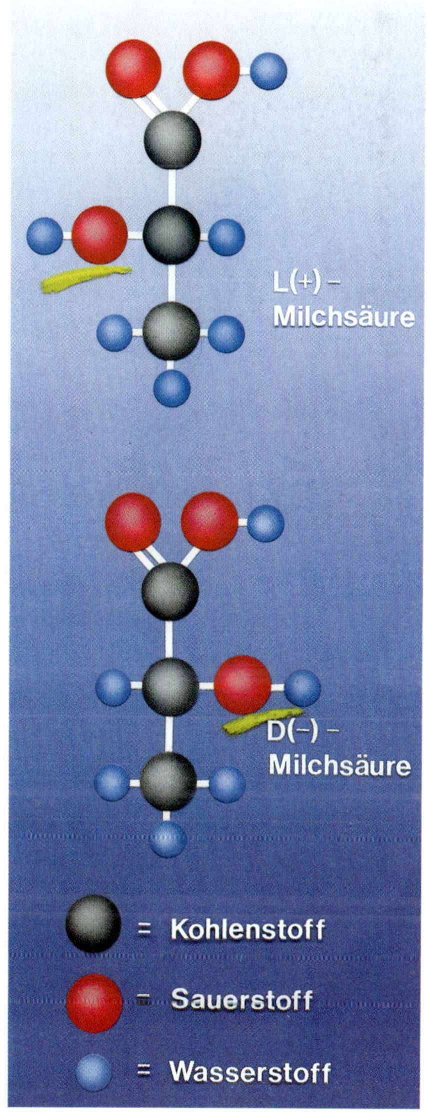

Abb. 6: Links- und rechtsdrehende Milchsäure unterscheiden sich quasi wie unsere rechte und linke Hand.

Doch die Diskussion um die rechts- und linksdrehende Milchsäure ist bis heute nicht völlig verstummt; einige Unternehmen nutzen diese falsche Behauptung immer noch für die Vermarktung ihrer Joghurts aus, die ausschließlich rechtsdrehende Milchsäure enthalten. Lassen Sie sich von solchen Scheinargumenten nicht zum Kauf verleiten! Heute wissen wir, daß sogar eine Reihe von Milchsäurebakterien, die als besonders gesund gelten, überwiegend D(–)-Milchsäure produzieren. Zu ihnen zählt zum Beispiel *Lactobacillus acidophilus* (siehe *Seite 36*).

Karies, Zucker und Milchsäure

Eine unangenehme Eigenschaft der Milchsäurebakterien soll an dieser Stelle jedoch noch erwähnt werden. Milchsäurebakterien leben, auch ohne daß wir Joghurt oder Käse essen, in unserem Mund. Wenn wir Zucker in Form von Süßigkeiten, Schokolade, Kuchen, Marmelade etc. zu uns nehmen, bleiben einige Zuckerreste an unseren Zähnen hängen. Die Milchsäurebakterien im Mund beginnen nun, diese abzubauen, und scheiden die bekannte Milchsäure aus. Während die Säure im Darm für ein gesundes Milieu sorgt, verursacht sie am Zahnschmelz undichte Stellen; der Zahnschmelz wird angeätzt. Hier setzen sich nun weitere Bakterien fest, die Karies nimmt ihren Lauf. Wer jedoch Süßigkeiten vermeidet oder sich nach dem Verzehr gründlich die Zähne putzt, geht kein Risiko ein. Besonders elegant können Sie diese Falle umgehen, wenn Sie Süßigkeiten selbst herstellen, denn dann können Sie die Leckereien mit Zuckeraustauschstoffen süßen. Damit läßt sich ohne Gefahr für die Zähne naschen. Die Hobbythek bietet eine breite Palette dieser Stoffe, genaueres dazu und eine Fülle von Rezepten finden Sie im Hobbythekbuch „Süßigkeiten und Gebäck".

Abb. 7: Eine gesunde Ernährung und regelmäßiges Zähneputzen sorgen dafür, daß dieses strahlende Lächeln auch in der Zukunft erhalten bleibt.

Vom Darm zum Joghurt und wieder zurück

Daß Milchprodukte gesund sind, wird heute wohl von niemandem mehr angezweifelt. Worin ihre gesundheitsfördernde Wirkung allerdings liegt, ist wissenschaftlich noch nicht endgültig geklärt – dies gilt insbesondere für die heute sehr beliebten sogenannten „probiotischen" Joghurts. Um ihre Wirkung besser verstehen zu können, müssen wir uns zunächst den Dickdarm und sein Innenleben genau ansehen, denn schließlich stammen die Joghurtkeime ursprünglich von dort.

Die Darmflora – unsere Mitbewohner im Dickdarm

Bereits bei der Geburt kommen wir Menschen über die Scheidenbakterien der Mutter das erste Mal in Kontakt mit Mikroorganismen. Wird der Säugling dann ausschließlich mit Muttermilch ernährt, so werden sich in seinem Darm fast nur sogenannte Bifidobakterien befinden. Bifidobakterien sind sehr sauerstoffempfindlich und siedeln sich deshalb ausschließlich im Dickdarm an. Dort gelten sie – auch beim erwachsenen Menschen – als wichtige, wenn nicht sogar wichtigste Darmbakterienart. Leider ist die Forschung auf diesem Gebiet sehr schwierig, da sie nur in Speziallabors in sauerstofffreier Atmosphäre untersucht werden können. Lediglich eine Bifidobakterienart, nämlich *Bifidobacterium lactis* (Bb-12), toleriert Sauerstoff. Diese Art vermehrt sich deshalb auch gut bei der Joghurtherstellung, bei der ja immer etwas Sauerstoff zugegen ist. Die Stiftung Warentest hat im Juli 1998

Abb. 1: An der Gesundheit von Milchprodukten zweifelt heute niemand mehr.

Abb. 2: Bifidobakterien gelten als wichtige, wenn nicht sogar wichtigste, Darmbakterie (Vergrößerung 20000fach).

eine Studie veröffentlicht, die dies belegt. Deshalb ist dieser Bifidobakterienstamm auch in unserer eigenen Joghurtkultur LaBiDa enthalten (siehe *Seite 36*). *Bifidobacterium lactis* ist robust und vermehrt sich auch in der Joghurtmaschine gut. Im Säuglingsdarm sorgt die Muttermilch dafür, daß sich auch die empfindlicheren Bifidobakterien vermehren.
Die besondere Darmflora sorgt dafür, daß der Säugling nur goldgelbe, leicht säuerlich riechende Häufchen produziert. Kaum hat er jedoch das erste Mal Kuhmilch oder andere Speisen genossen, wird sich seine Säuglingsdarmflora verändern. Nach wenigen Wochen wird diese in nichts mehr von der eines erwachsenen Menschen zu unterscheiden sein.
Während in unserem Dünndarm kaum Bakterien anzutreffen sind, ist der Dickdarm dicht mit Mikroorganismen besiedelt. Mit dem Stuhl wird ein Teil dieser Bakterien ausgeschieden. In nur einem Gramm Kot sind eine Billion Bakterien, tot oder lebendig, enthalten. Das sind immerhin über 100mal mehr, als Menschen auf unserem Globus leben.
Typische Darmbewohner sind Milchsäurebakterien wie Lactobacillen und Bifidobakterien, Streptococcen sowie der agile *Proteus vulgaris*. Insgesamt besiedeln bis zu 500 verschiedene Bakterienarten und -stämme unseren Darm.

Einige davon sind für uns sehr hilfreich – und diese sollten besonders gefördert werden. Sie verdauen und vergären die für uns unverwertbaren Nahrungsreste und gewinnen daraus ihre Energie. Ihre Stoffwechselaktivität ist übrigens für die Entstehung der Gase im Darm verantwortlich, der Mensch könnte ohne sie keinen Pup produzieren. Unsere Darmflora lebt also von den Stoffen, die wir Menschen nicht verwerten können, den Ballaststoffen. Wenn wir viele Ballaststoffe zu uns nehmen, dann vermehren sich die nützlichen Darmbakterien aufgrund der für sie günstigen Ernährungslage besonders schnell und sorgen gemeinsam mit den Ballaststoffen für einen voluminösen Stuhl. Durch die dadurch bedingte prompte Verdauung werden schädliche Erreger und ihre Stoffwechselprodukte besonders rasch wieder ausgeschieden.

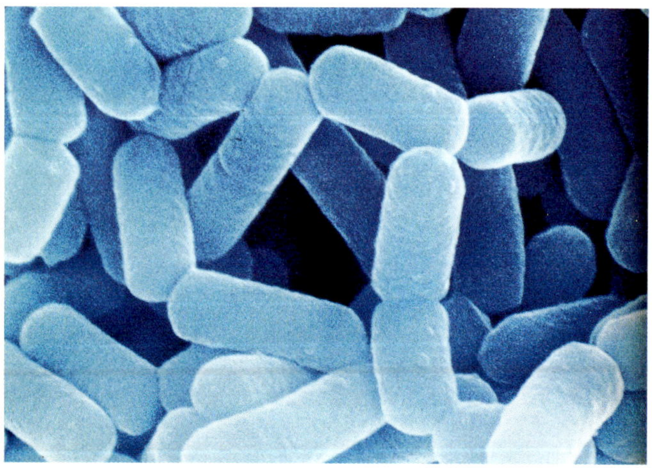

Abb. 3: Typische Darmbakterien sind die stäbchenförmigen Lactobacillen (Vergrößerung 50000fach), hier nachträglich am Computer blau eingefärbt.

Weiterhin besetzen die günstigen Darmbakterien einen für Kleinstlebewesen wichtigen und attraktiven Lebensraum mengenmäßig und lassen Krankheitserregern keinen Platz und auch kaum Nahrung übrig. Diese Strategie, schädliche Organismen über nützliche auszuschalten oder zu schwächen, ist eine außerordentlich interessante Möglichkeit, Gesundheitsproblemen vorzubeugen. Auch das Stoffwechselendprodukt der Milchsäurebakterien, die Milchsäure, trägt einen Teil zur Gesundheitsvorsorge bei, denn sie säuert das umliegende Milieu an. Ein saurer pH-Wert wird jedoch von vielen Bakterien nicht toleriert, sie sterben ab. Eine intakte Darmflora unterstützt also die eigene Gesundheit.

Sollte sich hingegen eine ungünstige Darmflora auf Dauer eingestellt haben, kann sich dies in „Darmgrummeln" und heftigen Winden äußern. Neben diesen Symptomen können aber auch Durchfälle, Verstopfung oder Immunschwäche bis hin zu Darmentzündungen und Krebs entstehen.

Der Darm: Vorhof des Immunsystems

Verdauung und Ausscheidung – diese Funktionen des Darms sind wohl jedem bekannt, doch leistet er noch viel mehr. Vielen Menschen ist völlig neu, daß im Darm ein großer Teil, ja sogar der größte Teil, unseres Immunsystems liegt. Über 80 Prozent der Immunzellen finden sich im Darm. Unter dem Begriff „Peyer'sche Plaques" faßt man eine große Anzahl von Immunzellen im Darm zusammen. Diese scheibenförmigen Zellansammlungen reagieren auf körperfremde, gefährliche oder infektiöse Stoffe, indem sie die ganze Palette der Immunreaktion auslösen: Antikörper, Interleukine und spezielle Gedächtniszellen gegen die Antigene, wie die eingedrungenen Erreger genannt werden, werden gebildet und verhindern, daß sich die fremden Keime vermehren. Über diesen Weg werden permanent eine ganze Reihe Erreger im Körper unschädlich gemacht.
Es ist durchaus sinnvoll, daß ein Teil des Immunsystems im Darm verankert ist, denn er ist neben der Haut die zweite Barriere zwischen Körperinnerem und Außenwelt. Interessanterweise rechnen Wissenschaftler den Darminhalt nämlich zum Teil noch zur Außenwelt. Hier werden die Stoffe aus der Nahrung direkt in den Körper überführt, während andere, zum Beispiel Krankheitserreger, auf keinen Fall ins Körperinnere gelangen dürfen. Sie müssen als ungeeignet oder sogar schädlich erkannt und neutralisiert werden. Der Darm und sein spezielles Immunsystem befinden sich also im permanenten Ringen mit den Mikroben, die trotz der Magensäure mit der Nahrung in den Darm gelangen und sich dort vermehren wollen. Mit einigen Erregern hat sich das Immunsystem des Darms arrangiert, sie werden durch die Darmwand sicher vom Eindringen ins Körperinnere abgehalten. Dazu zählt zum Beispiel die Bakterie *Escherichia coli*, kurz *E. coli* genannt. Sie ist eine typische und zugleich wohl die bekannteste Darmbakterie. Obwohl *E. coli* in jedem menschlichen Darm anzutreffen ist, wäre sie im Körperinneren ein extrem gefährlicher Keim, der zu einer Blutvergiftung führen würde. Dies geschieht beispielsweise bei Blinddarmdurchbrüchen, die unbehandelt fast immer zum Tod führen.

Doch das Immunsystem kann auch noch auf andere Weise stimuliert werden. Sportliche Aktivitäten sind zum Beispiel ein gutes Mittel, um eigene Abwehrkräfte zu stärken. Eine gesunde Ernährung unterstützt ebenfalls die Abwehr und natürlich die „probiotischen" Lebensmittel, die das Immunsystem ganz gezielt über den Darm stimulieren (siehe *Seite 19f.*).

Dreck reinigt den Magen

Anscheinend hat Dreck in Maßen, so unwahrscheinlich es klingen mag, ebenfalls eine günstige Wirkung auf unser Immunsystem und stimuliert es. Deshalb schadet es Kindern auch normalerweise nicht, wenn sie ab und zu von ihren selbstgebackenen Sandkuchen „kosten".
Ein Beleg für die immunstärkende Wirkung ist die Tatsache, daß in der Vergangenheit Allergien, insbesondere im Kindesalter, weitaus seltener auftraten

als heute. Auch in den ärmeren Ländern unserer Welt sind Allergien keineswegs so verbreitet wie in den modernen Industrienationen. Selbst in der ehemaligen DDR gab es weniger Allergien als in Westdeutschland, was sich aber zur Zeit angleicht. Dies belegt auch eine soeben beendete Studie der Universität Münster, bei der über acht Jahre internationale Daten gesammelt wurden.

Ein Grund für die steigende Zahl der Allergiebetroffenen könnte die Unterforderung des Immunsystems sein. In der Vergangenheit und auch in Ländern mit weniger hohem Hygienestandard kommt das Immunsystem ständig in Kontakt mit sogenannten Antigenen, das sind für den Körper unverträgliche, unverwertbare und zum Teil höchst gefährliche Stoffe und Erreger, die man natürlich auch im Dreck findet. Gelangen diese in den Körper, wird unser Immunsystem aktiv (siehe *Seite 17*) und bekämpft die Erreger – meist mit Erfolg.
In den „sauberen" Ländern gibt es dagegen für das Immunsystem nicht mehr so viel zu tun. Kleine Familien, saubere Haushalte, Kindergärten und Schulen ermöglichen den Kindern nur noch wenig Kontakt mit Antigenen. Nach dieser Theorie müßten gerade die Kinder, deren Eltern sie sehr behütet und überwacht aufwachsen lassen, vermehrt an Allergien leiden. Diese Eltern dürften vermutlich zu den sozial stärkeren Schichten gehören.
Tatsächlich zeigte eine Untersuchung, daß die Kinder von wohlsituierten Eltern viel stärker von Allergien geplagt werden als die Kinder von Eltern mit wenig Geld. Das Immunsystem der überbehüteten Kinder schießt anscheinend schnell über sein Ziel hinaus. In Ermangelung von echten Angreifern richtet es seine Abwehr auf Pollen, Hausstaubmilben, Katzenhaare und ähnliches.
Damit wollen wir natürlich auf keinen Fall die alten Zustände wieder zurückholen, denn unser Hygienestandard ist eine Errungenschaft, die von unschätzbarem Wert ist. Nur so können Menschen eine Lebenserwartung von ca. 80 Jahren erreichen; die hohe Kindersterblichkeit ist weitgehend zurückgedrängt, Pest und Cholera stellen für die Bewohner der westlichen Welt kaum noch Gefahren dar.

Dazu haben natürlich ebenfalls die Schutzimpfungen beigetragen. Auch sie trainieren unser Immunsystem und feien uns vor der echten Infektion. Dieses Training scheint unserem Körper gut zu bekommen. Nur so ist beispielsweise zu erklären, daß Menschen, die gegen ein bestimmtes Grippevirus geimpft wurden, auch weniger an anderen Atemwegsinfekten erkranken. Obwohl im Körper also keine spezifische Erinnerung an den Krankheitsauslöser vorhanden ist, reagiert das Immunsystem hier dennoch besonders schnell. So etwas nennt man unspezifische Reaktion. Auch probiotische Keime trainieren unser Immunsystem auf unspezifische Weise (siehe *Seite 19*).

Antibiotika – pro und kontra

Die Bedeutung der Darmbakterien für unser Immunsystem ist keinesfalls zu unterschätzen. Eine fatale Auswirkung zeigt sich oft bei Menschen, die Antibiotika eingenommen haben. Antibiotika sollen im Körper krankheitsverursachende Bakterien vernichten, können allerdings nicht ausreichend zwischen „guten" und „schlechten" unterscheiden und schädigen so auch die Bakterien im Darm. Damit bricht die Darmflora zusammen, und das Immunsystem wird geschwächt, außerdem kommt es zu Durchfällen. Zwar wird die Erkrankung auf diese Weise wirksam behandelt, aber die Nebenwirkungen sollten nicht unterschätzt werden, denn ein geschwächtes Immunsystem bietet die Angriffsfläche für neue Infektionen und Erkrankungen.
Wir wollen an dieser Stelle Antibiotika keineswegs verteufeln, denn sie sind bei vielen schweren Erkrankungen, zum Beispiel Lungenentzündungen, oft lebensrettend. Unsere Kritik richtet sich jedoch gegen den leichtfertigen Gebrauch dieser Medikamente. Einige Experten schätzen, daß bei uns bis zu 50 Prozent der verschriebenen Antibiotika überflüssigerweise oder sogar falsch verordnet werden. So werden Antibiotika oft gegen Viren eingesetzt, gegen die sie nachweislich aber nicht wirken. Ein kleiner Tip: Bei Erkältungen gibt es eine Faustregel, ob Viren oder Bakterien im Spiel sind. Schauen Sie einfach in Ihr Taschentuch: Gelber Schleim deutet auf Bakterien, weißer auf Viren hin.

Insbesondere bei Kindern werden Antibiotika oft schon bei geringen Erkältungsinfekten verabreicht, so daß dem Immunsystem seine Aufgabe abgenommen wird. Damit wird es faul und schwach. Beim nächsten Infekt wird deshalb wieder auf Antibiotika zurückgegriffen, und der Prozeß beginnt von neuem – ein Teufelskreis. Oft werden die Antibiotika auch zu früh abgesetzt, so daß die Bakterien in der Lage sind, Resistenzen auszubilden. Das Ergebnis sind Krankheitserreger, denen Antibiotika nichts mehr anhaben können. Dies ist eine tödliche Gefahr unserer Zeit, schon heute helfen viele Antibiotika gegen bestimmte Bakterien nicht mehr.

Da die Darmflora direkten Einfluß auf das Immunsystem im Darm nimmt, wird von Experten immer wieder diskutiert, ob nicht auch Allergien, die ja eine Überreaktion des Immunsystems sind, von den Darmbakterien mitbeeinflußt werden könnten. Insbesondere die geschädigte Darmflora, zum Beispiel nach Antibiotikagaben, kann ein Ansiedeln unerwünschter Keime wie Pilze begünstigen. Einige dieser Pilze gelten als allergen. Doch bewiesen ist der Zusammenhang zwischen Allergien bedingt durch eine gestörte Darmflora bisher nicht. Hier dürfen wir gespannt auf neue Forschungsergebnisse warten. Auf jeden Fall empfiehlt die Hobbythek, nach jeder Antibiotikaeinnahme vermehrt probiotische Produkte zu essen, um die Darmflora schneller wieder zu regenerieren (siehe *rechts*).

Wissenschaft oder Scharlatanerie – was ist dran an der Probiotik?

Probiotisch leitet sich ab von „pro bios" und bedeutet soviel wie „für das Leben". Da es sich bei den sogenannten probiotischen Produkten bei uns um ein relativ neues Lebensmittel handelt, gibt es für die erhöhte Wirksamkeit der Kulturen bisher noch wenig wissenschaftlich belegbare Ergebnisse.
Fest steht, daß die probiotischen Milchsäurebakterien die Magenpassage tatsächlich besser überstehen als ihre herkömmlichen „Brüder und Schwestern" aus den altbewährten Joghurts. Sie können sich deshalb vermehrt erfolgreich im Darm ansiedeln. Allein durch ihre Anwesenheit besetzen sie wichtigen Raum im Darm und blockieren auf diese Weise den Platz für andere, vielleicht gefährliche, Keime. Dieses Argument ist nicht zu unterschätzen, da sich bei vielen Infektionen die Krankheitserreger explosionsartig im Darm vermehren. Natürlich werden probiotische Bakterien eine Infektion nicht generell verhindern können, doch bei kleinen Erregermengen können sie sicher bis zu einem bestimmten Punkt Paroli bieten. Ihre Wirkung ist hier also in erster Linie eine vorbeugende. Die Milchsäurebakterien verbessern die Stoffwechselvorgänge im Darm und unterstützen die Verdauung. Die von ihnen produzierte Milchsäure säuert das Darmmilieu an und erschwert anderen Keimen auf diese Weise die Ansiedlung (siehe *Seite 17*).
Doch auch wenn wir regelmäßig probiotische Produkte zu uns nehmen, machen die speziellen Milchsäurebakterien nur einen kleinen Anteil der Darmflora aus. Entscheidend ist, daß die probiotischen Bakterien an den wichtigen Stellen sitzen, nämlich in Kontakt zur Darmwand. Viele Untersuchungen an diesen Bakterien im Labor (siehe *Seite 20f.*) und an Tiermodellen belegen, daß die Mikroorganismen sich sogar speziell an die Darmwand anheften. Damit besteht ein extrem inniger Kontakt zwischen ihnen und den Immunzellen. Über diesen Weg kommt es zu einer allgemeinen positiven Anregung des Immunsystems. Wie dies genau vonstatten geht, wird zur Zeit noch erforscht, doch scheint die Tatsache an sich gesichert zu sein.

Auch die durchfallverhindernde oder -mindernde Wirkung dieser nützlichen Bakterien ist heute durch wissenschaftliche Studien belegt. Allerdings müssen wir sagen, daß viele dieser Studien von den Firmen, die die probiotischen Produkte produzieren, vorgenommen oder in Auftrag gegeben wurden. Aus der Tiermedizin und Nutztierhaltung ist diese Eigenschaft von speziellen Milchsäurebakterien jedoch schon länger bekannt. Landwirten fiel in der Vergangenheit nämlich auf, daß Rinder und andere Haustiere weniger unter Durchfall litten, wenn sie mit einer bestimmten Silage gefüttert wurden. Da die Silage durch die Milchsäure bestimmter Bakterien haltbar gemacht wurde, lag der Gedanke nahe, daß diese Mikroorganismen für die Gesundheit der Tiere verantwortlich waren. Heute werden solche Mikroorganismen verkauft und bewußt dem Tierfutter zugesetzt.

Auch für den Menschen gibt es bereits Medikamente, die diese Eigenschaft nutzen und die Darmflora günstig beeinflussen. Einige enthalten lebende Keime, andere bestehen lediglich aus Stoffwechselprodukten solcher Mikroorganismen. Letztere haben den Vorteil, daß sie bis zur Anwendung nicht im Kühlschrank aufbewahrt werden müssen. Sie eignen sich deshalb gut für die Mitnahme auf Reisen. Sogar einige Weltreisende schwören auf diese Präparate und berichten, daß sie durch die Einnahme weitaus weniger anfällig für Montezumas Rache, also den tropischen Durchfall, geworden sind.

Abb. 4: Mit den Bakterienkulturen der Hobbythek können Sie sogar probiotischen Käse selbst herstellen – ein kleiner Beitrag zur Erhaltung Ihrer Gesundheit.

Neuerdings gibt es sogar Hinweise, daß einige dieser Bakterien eine krebshemmende Wirkung zeigen. In Japan wurde jetzt eine Studie mit Patienten abgeschlossen, die an oberflächlichem wiederkehrenden Blasenkrebs litten. Bei gleichzeitiger Einnahme von probiotischen Bakterien war die Rückfallrate bei diesen Patienten signifikant geringer. Eine krebsvorbeugende Wirkung ist indes weitaus schwieriger zu untersuchen. Denn die Frage, warum ein Mensch nicht an Krebs erkrankt, ist wissenschaftlich kaum zu klären, während die Ursachen für eine Erkrankung relativ gut untersucht sind. Die WHO, die Weltgesundheitsorganisation, wird in einem großen europäischen Programm über viele Jahre hinweg ca. 400 000 Menschen, deren Eßgewohnheiten und mögliche Krebserkrankungen untersuchen. Vielleicht werden in diesem Zusammenhang auch Informationen über probiotische Bakterien bekannt.

Ein Darm aus Glas

Mit sehr anschaulichen Mitteln untersuchen holländische Forscher die Wirkung probiotischer Bakterien. Im Labor des TNO-Instituts in Zeist werden die Vorgänge im Darm und die Arbeit der Bakterien an gläsernen Modellen untersucht. Sie bestehen aus gewundenen Glasrohren und ahmen exakt die Vorgänge in einem menschlichen Darm nach. In den Kammern des gläsernen Darms gluckst es leise, Silikonhäute ziehen sich zusammen, der Speisebrei im Inneren wird langsam transportiert: Der

Darm verdaut gerade eine Mahlzeit aus Joghurt, Brot und Käse. Ein Computer regelt exakt, wo welche Verdauungsflüssigkeiten dem Speisebrei zugesetzt werden. Im Bereich des Dünndarms resorbieren halbdurchlässige Membranen die zerlegten Nährstoffe. Sie werden aufgefangen und können so später analysiert werden. Dasselbe gilt für die entweichenden Gase. Auch sie gelangen in Auffangkammern, die gleichzeitig gewährleisten, daß die Wissenschaftler im Labor vor dem „Duft" der Verdauungswinde geschützt sind. Der gläserne Darm dient nicht nur zur Untersuchung probiotischer Bakterien, er kann auch als Teststrecke für die Verarbeitung von Medikamenten oder Giftstoffen im Darm herangezogen werden.

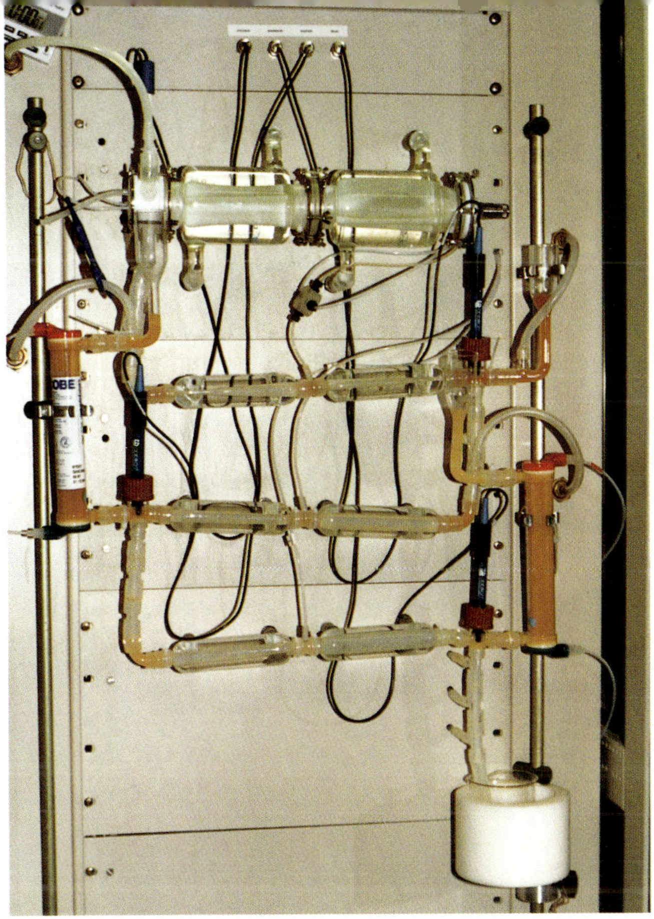

Abb. 5: An diesem sogenannten gläsernen Darm untersuchen Wissenschaftler in den Niederlanden die Wirkung probiotischer Bakterien.

Natürlich verfügt auch das gläserne Modell über seine eigene Darmflora. Der künstliche Dickdarm ist ein Bioreaktor, in dem Darmbakterien, die aus menschlichen Kotproben stammen, wachsen und gedeihen. Die Forscher erreichen hier Konzentrationen von zehn Milliarden Bakterien pro Milliliter. Untersuchungen an probiotischen Keimen zeigen, daß sie die Passage durch das saure Magenmilieu, das vor dem Darm liegt, sehr gut überstehen. Im anschließenden Dünndarm erweisen sich diese Bakterien als besonders widerstandsfähig und haben eine hohe Überlebensrate. Anders dagegen die traditionellen Joghurtbakterien, sie gehen im Darm schnell zugrunde. Und noch eine wichtige Eigenschaft der probiotischen Bakterien tritt im gläsernen Darm zutage: Sie heften sich an der gläsernen Darmwand fest. Dadurch wird die Vermutung gestärkt, daß sich auch im menschlichen Darm probiotische Bakterien an der Wand ansiedeln und so den im Darm sitzenden Teil des Immunsystems positiv stimulieren (siehe *Seite 19*). Natürlich läßt sich die gläserne Darmwand nicht bis ins letzte mit der echten Darmwand vergleichen, doch die Lebensbedingungen im echten Darm und im Glasmodell stimmen sehr gut überein. In beiden Situationen müssen sich die Bakterien fest ansiedeln, um nicht mit dem kontinuierlichen Nahrungsstrom aus dem Darm herausgespült zu werden. Die ersten Ergebnisse sind also durchaus beeindruckend.

Als nächstes wollen die holländischen Forscher Kammern mit menschlichen Darmschleimhautzellen in den gläsernen Darm montieren. Darüber erhoffen sie sich weitere Erkenntnisse über die Wirkung der probiotischen Keime auf Darm und Immunsystem.

Darmimpfung – eine Schluckimpfung wirkt über den Darm

All diese bisher beschriebenen Erkenntnisse hat einige Firmen dazu veranlaßt, sogenannte „Darmimpfungen" anzubieten. Wie bei einer Schluckimpfung werden dabei inaktivierte Mikroorganismen, allerdings hier in einer Kapsel verpackt, geschluckt. Die im Dünndarm freigesetzten abgetöteten Erreger aktivieren dann die Zellen der Peyer'schen Plaques (siehe *Seite 17*). Das Immunsystem wird auf diese Weise trainiert und kann auf die echten Erreger, sollten wir von ihnen infiziert werden, sofort reagieren. Solche Darmimpfungen gibt es gegen Infekte der oberen Atemwege (Broncho-Vaxom, Ribomunyl, Luivac) und gegen Blasenentzündungen (Uro-Vaxom, Uro-Munal). Die Präparate sind verschreibungspflichtig, was aber keineswegs an ihrer Gefährlichkeit liegt, sondern an ihrer Therapieeinstufung. Sie sind nämlich nicht als Medikamente, sondern als Vakzine (Vakzin = Impfstoff aus lebenden oder toten Erregern) zugelassen. Eine Impfzulassung bedeutet gleichzeitig aber auch eine Verschreibungspflicht. Leider haben sich nur wenige praktische Ärzte mit der segensreichen Wirkung dieser vorbeugenden Darmimpfung beschäftigt, so daß nicht sehr viele Patienten davon profitieren. Aber vielleicht machen Sie als Patient Ihren Arzt darauf aufmerksam, um ihn dazu zu veranlassen, ihnen diese Präparate zu verschreiben, sofern Sie für die genannten Beschwerden anfällig sind. Vorbeugen ist immer besser als heilen.

Fahndung nach einem Darmbewohner

In der Vielfalt der Milchsäurebakterien sind nicht alle Kandidaten gleich gut für die Joghurtproduktion geeignet, denn sie sollen neben den probiotischen Eigenschaften natürlich auch schmackhaften Joghurt liefern. Die Suche nach den geeigneten Keimen beginnt im Labor, Ausgangsmaterial ist die Kotprobe eines gesunden Menschen. Das klingt natürlich äußerst unappetitlich. Doch die probiotische Milchsäurebakterie soll ja später in den Darm des Menschen gelangen und dort ihre segensreiche Wirkung entfalten. Also ist es nur konsequent, dort, sprich im Kot, auch nach ihr zu suchen. Zunächst wird die Kotprobe verdünnt. So lassen sich die Bakterien besser handhaben. Aus den ca. 500 verschiedenen Darmbakterien sollen jetzt die Milchsäurebakterien isoliert werden. Dabei kommt den Forschern eine Eigenschaft dieser Bakterien zu Hilfe: Milchsäurebakterien vertragen im Gegensatz zu den meisten anderen Bakterien saures Milieu, da sie ja Milchsäure in ihre Umgebung abgeben. Deshalb überleben sie auch die Reise durch den Magen. Um die gesuchten Keime kenntlich zu machen, werden die Bakterien auf Kulturplatten mit sauren Nährböden gebracht. Die Keime, die überleben und sich vermehren, sind Milchsäurebakterien, die dann isoliert werden. In kleinen Testkammern müssen die Bakterien ihren „Fleiß" unter Beweis stellen und Zucker in Milchsäure umwandeln. Ein Farbstoff zeigt an, ob die jeweiligen Zucker abgebaut wurden oder nicht. Bei fleißigen Kandidaten wird nun mit einem Laserspektrogramm das Erbmaterial identifiziert, so wird jede Bakterienart unverwechselbar. Faule Bakterienstämme werden ausgesondert.

Natürlich müssen die Keime auch einen schmackhaften Joghurt liefern. In den Firmen, die nach solchen Keimen suchen, arbeiten eine Reihe von Testessern, die regelmäßig an den Produkten schnuppern und schmecken. Weiterhin wird auf Cremigkeit, Festigkeit und Sämigkeit geachtet. Erfüllt ein Keim alle gewünschten Eigenschaften, kann er in die Großproduktion gehen. Die großen Milchfirmen verfügen heute fast alle über ihre eigenen probiotischen Kulturen, die in den entsprechenden Markenjoghurts und anderen Milchprodukten eingesetzt werden. Übrigens dürfte die Zahl der probiotischen Stämme, die bereits wissenschaftlich untersucht sind, die Zahl 20 weltweit zur Zeit nicht überschreiten.

Probiotische Joghurts im Supermarkt

Weltweit gibt es mittlerweile Firmen, die probiotische Joghurts und ähnliche Produkte in den Handel bringen. Wer sich das Regal im Supermarkt daraufhin genau ansieht, der wird auf eine Vielfalt dieser Milchprodukte stoßen. Der Vorreiter bei uns war die Firma Nestlé, die mit ihrem LC1-Joghurt erstmals in den Joghurtsektor vorstieß und mit dem im Vergleich zu anderen Joghurts teureren Produkt den Durchbruch schaffte. Andere Firmen, die meist bereits auf dem Joghurtbereich tätig waren, wie etwa Danone oder Südmilch, folgten bald. Mittlerweile gibt es eine große Auswahl probiotischer Joghurts pur und kombiniert mit Früchten oder Aromen. Auch Billigsupermärkte haben diese Joghurts mittlerweile im Sortiment.

Bisher gibt es jedoch keine Richtlinie, die probiotische Lebensmittel genau definiert oder deren Mindestkeimzahl festlegt. Es müssen lediglich lebende Mikroorganismen „in einer solchen Menge vorhanden sein, daß sie auch nach dem Verzehr eine probiotische Wirkung erzielen". Sie müssen also in ausreichender Menge in aktiver Form in den Darm gelangen, wo sie eine positive gesundheitliche Wirkung entfalten sollen. Diese Wirkung belegen die einzelnen Firmen durch Studien und Untersuchungen ihrer jeweiligen probiotischen Keime. Manche dieser wissenschaftlichen Arbeiten werden sogar als Auftragsforschung in Zeist am gläsernen Darm vorgenommen.

Eine Ausnahme unter den probiotischen Milchprodukten ist übrigens das von einem japanischen Hersteller auf den Markt gebrachte Yakult. Hierbei handelt es sich um ein Getränk auf der Basis von Milchpulver und Traubenzucker, das in kleinen Fläschchen angeboten wird. Anders als bei den probiotischen Joghurts, in denen verschiedene Bakterienstämme stecken, findet sich in Yakult ausschließlich der probiotische Keim *Lactobacillus casei Shirota*. In zahlreichen Studien belegt der Konzern seit Jahren die Wirkung seines probiotischen Bakterienstamms. In Japan ist dieses Produkt ein Verkaufsschlager, aber die Firma ist durch Finanzspekulationen in Probleme geraten. Bei uns ist Yakult nach wie vor das teuerste probiotische Lebensmittel, es hat allerdings mit 6,5 Milliarden lebenden Bakterien pro Fläschchen (65 Milliliter) die höchste Keimdichte aller angebotenen Produkte.

Doch probiotische Produkte müssen nicht so kostenintensiv sein, denn der Einsatz dieser speziellen Keime ist nicht teurer als die Produktion anderer Bakterienkulturen auch, das gleiche gilt für die Herstellung des Joghurts. Bezahlt werden muß die teure Forschung und Entwicklung des Produkts.

Unsere probiotische LaBiDa-Kultur (siehe *Seite 36*) ist dagegen kaum teurer als normale Joghurtkulturen. Auch hier kommt der geringe Preisunterschied durch die wissenschaftlichen Untersuchungen zustande, die für uns die Wirksamkeit der LaBiDa-Kultur absichern.

Abb. 6: Mittlerweile gibt es bereits eine breite Palette an probiotischen Produkten im Supermarkt zu kaufen.

Joghurt, Quark und Käse – Unterschiede und Gemeinsamkeiten

Joghurt – gesunder Genuß

Joghurt entsteht aus Milch durch zugesetzte Milchsäurebakterien. Diese lieben die Wärme und werden deshalb auch als thermophile (wärmeliebende) Kulturen bezeichnet. Der Milchzucker aus der Milch wird von diesen Mikroorganismen zu Milchsäure vergoren, die Milcheiweiße bilden dann eine lockere Gelstruktur, das Produkt schmeckt leicht sauer (ca. pH 4,0–4,5). Diese Gärung bezeichnet man auch als Fermentation. Sie findet zwischen 36 und 42 °C statt und dauert je nach verwendeter Kultur zwischen 7 und 14 Stunden. Neben Milchsäure entstehen in geringem Umfang auch andere Gärprodukte der Mikroorganismen. Verantwortlich für das typische Joghurtaroma ist Acetaldehyd, eine Verbindung, die zum Beispiel auch bei der Bildung von Essigsäure aus Alkohol entsteht.

Joghurt kann man ohne großen Aufwand selber herstellen. Wenn Sie dazu die LaBiDa-Joghurtkultur der Hobbythek verwenden, garantieren wir Ihnen, daß Sie nicht nur einen äußerst gesunden, sondern auch einen sehr schmackhaften und cremigen Joghurt erhalten. Die genaue Anleitung dazu finden Sie auf *Seite 36 ff.*

Abb. 1: Joghurt – ob gekauft oder selbstgemacht – läßt sich mit frischem Obst fruchtig verfeinern.

„Joghurt mild" – kein milder Joghurt

Wer seinen Joghurt nicht selber herstellt, sondern im Supermarkt kauft, der stößt dort häufig auf die Bezeichnung „Joghurt mild". Dieser Name läßt vermuten, daß es sich um ein besonders mild schmeckendes Joghurtprodukt handelt. Das mag zwar unter Umständen zutreffen, muß aber nicht, denn die Bezeichnung „Joghurt mild" ist eine lebensmittelrechtliche, die auf die Joghurtkulturen hinweist und nicht auf Geschmack und Konsistenz des Joghurts. Nach unserer Rechtslage darf sich nämlich ein Milchprodukt nur dann schlicht und allein „Joghurt" nennen, wenn es zwei bestimmte Kulturen enthält: *Lactobacillus bulgaricus* und *Streptococcus thermophilus*. Der Gesetzgeber hat festgelegt, daß nur diese ursprünglichen Kulturen den „echten" Joghurt produzieren. Viele der modernen Joghurts enthalten jedoch andere und nach heutigem Wissensstand auch gesündere Keime, probiotische zum Beispiel *Lactobacillus acidophilus* oder *Lactobacillus casei*. Dazu kommen häufig noch Bifidobakterien. Lediglich der „Technikkeim" *Streptococcus thermophilus*, der für die feste Beschaffenheit des Milchprodukts sorgt, ist auch hier vertreten. Zwar schmecken diese Milchprodukte wie Joghurt, sie sind auch Joghurt, doch sie dürfen wegen ihrer Kulturen diese Bezeichnung nicht tragen. So haben sich die Hersteller einen Namen einfallen lassen, der beim Konsumenten nicht für Verwirrung sorgt. Sie haben ihre Produkte „Joghurt mild" genannt. Auch unser LaBiDa-Joghurt (*siehe Seite 36*) ist demnach streng genommen kein Joghurt, sondern ein „Joghurt mild", da auch er andere – probiotische – Kulturen enthält.

Wenn die Milch dick wird – Dickmilch

Dickmilch oder Sauermilch ist flüssiger als Joghurt und wird traditionell nicht mit Hilfe von Joghurtkulturen hergestellt. Wie der Name bereits sagt, handelt es sich um dickgewordene Milch. Wenn man früher die Milch stehenließ, entstand die Dickmilch ganz von alleine, die Milch wurde nicht wie heute schlecht. Der Rahm, also die Fettschicht, die sich auf unbehandelter Milch absetzt, hat damit nichts zu tun. Verantwortlich für den Prozeß des Andickens sind Bakterien, sogenannte mesophile Keime. Durch die Aktivität der mesophilen Keime, auch Säuerungskulturen genannt, entsteht schon bei Zimmertemperatur Milchsäure, die dafür sorgt, daß die Milch sauer und damit dick wird. Der Name Sauermilch, der ebenfalls für Dickmilch verwendet wird, bezieht sich auf dieses Sauerwerden.
In unserer sterilisierten oder pasteurisierten Industriemilch sind Säuerungskulturen nicht mehr vorhanden, man findet sie nur noch in Rohmilch. Doch diesen kleinen Nachteil kann man getrost in Kauf nehmen, wenn man bedenkt, daß die Behandlung unserer Konsummilch gleichzeitig dafür sorgt, daß alle Keime, also auch die Krankheitserreger, abgetötet werden. Auf diese Weise werden Lebensmittelvergiftungen und andere Infektionen durch Haushaltsmilch, die früher recht häufig vorkamen, ausgeschlossen. Dennoch brauchen wir natürlich auch heute

Abb. 2: Diese leckeren Milchprodukte werden mit Hilfe von Säuerungs- oder mesophilen Kulturen hergestellt. Selbstgemacht können sie auch die probiotischen Bakterien der Hobbythek enthalten.

nicht auf Dickmilch zu verzichten. Zum einen gibt es sie natürlich fertig zu kaufen, zum anderen läßt sie sich mit der Säuerungskultur der Hobbythek, ProBiDa, leicht selbst herstellen (siehe *Seite 42*).

Säuerungskulturen lieben es gemäßigt

An dieser Stelle sollen die Säuerungskulturen etwas genauer vorgestellt werden, denn sie spielen nicht nur bei der Entstehung von Dickmilch eine entscheidende Rolle, sondern auch bei der Herstellung von Buttermilch, Quark, Käse, Crème fraîche, Schmand und Saurer Sahne. Lediglich Joghurt und einige Käse, wie zum Beispiel der Mozzarella, verzichten völlig auf die Säuerungskulturen (siehe Grafik 1 auf *Seite 29*).
Säuerungskulturen stammen ursprünglich aus dem Boden und werden von den Molkereiwissenschaftlern auch als mesophile Kulturen bezeichnet, da sie gemäß ihrer Herkunft mittlere Temperaturen von ca. 28 bis 30 °C zum optimalen Gedeihen brauchen. Zum Vergleich: Milchsäurebakterien, die aus dem Darm stammen, lieben es mit 36 bis 42 °C wesentlich wärmer. Aus diesem Grund müssen die genannten Milchprodukte bei kühleren Temperaturen hergestellt werden als Joghurt.
Die Mikroorganismen – das gilt für mesophile wie thermophile Milchsäurebakterien – bewirken in der Milch eine sogenannte Säurefällung. Durch die Stoffwechselvorgänge der Bakterien gelangen Milchsäure und andere organische Säuren wie Essigsäure in die Milch und der pH-Wert sinkt, dadurch flockt das Milcheiweiß langsam aus. Typische mesophile Kulturen sind zum Beispiel *Leuconostoc lactis*, *Leuconostoc cremoris* oder *Lactococcus lactis*. Je nach Art und Stamm der ausgewählten Kulturen entsteht das typische Milchprodukt. Die Molkereiwissenschaftler kennen ihre Stämme und wissen, mit welchen Mikroorganismen sie Quark oder Dickmilch herstellen können und welche Stämme welche Aromen besonders hervorheben. Die vielen verschiedenen Milchspeisen zeigen, welch enormen Unterschied die Bakterienkultur auf den Geschmack und die Konsistenz des Milchprodukts bewirkt.

Abb. 3: Versuchen Sie doch einmal Schmand oder Crème fraîche als Brotaufstrich alternativ zu Butter – hier unsere gesunde Crème fraîche à la Hobbythek.

Crème fraîche, Schmand und Saure Sahne

Während die Franzosen vornehm von Crème fraîche sprechen, sagt der Deutsche gerne Schmand. Beide Produkte werden mit Hilfe mesophiler Kulturen erzeugt. Sie sind äußerst wohlschmeckend und eignen sich sowohl als Zusatz für Saucen und Salate als auch als Brotaufstrich.
Wegen ihres Fettgehalts haben sie einen sehr cremigen Geschmack, sparen aber als Brotaufstrich im Vergleich zu Butter dennoch Fett und Kalorien ein. Crème fraîche ist mit 30 bis 40 Prozent Fettanteil nicht einmal halb so fett wie Butter mit über 80 Prozent. Schmand enthält sogar nur 20 bis 25 Prozent Fett, manchmal sogar noch weniger. Ich, Jean Pütz, verwende als Brotaufstrich meist Schmand mit weniger als 25 Prozent Fett. Das ist kalorienärmer als Butter oder Margarine, läßt sich leichter streichen und schmeckt auch besser. Die Halbfettmargarinen (Halbarine) oder Halbfettbuttern enthalten wegen ihres hohen Wasseranteils Konservierungsstoffe. Auch diese können Sie umgehen, wenn Sie Schmand oder Crème fraîche verwenden, am besten selbstgemachte, dann haben Sie die absolute Kontrolle über die Zusatzstoffe. Besonders schmackhaft ist die Crème fraîche à la Hobbythek. An dieser Stelle schnell das Rezept. Um sie der Butter auch im Geschmack ähnlicher zu machen, haben wir noch Butteraroma zugesetzt. Dieses Aroma ist in den Läden, die traditionell unsere Produkte führen (siehe *Bezugsquellenverzeichnis*), erhältlich.

Crème fraîche à la Hobbythek

600 g	H-Schlagsahne
1 Msp.	ProBiDa
1 kleine Msp.	Butteraroma

Alle Zutaten vermischen und bei 28 bis 30 °C 14 bis 16 Stunden ansäuern lassen. Dies kann in einem abgedeckten Gefäß auf der lauwarmen Zentralheizung geschehen oder in einer Quarkmaschine (siehe *Seite 40 f.*). Dann in den Kühlschrank stellen, damit die Masse stichfest wird – fertig.

Einen noch geringeren Fettanteil als Schmand hat mit ca. zehn Prozent die Saure Sahne. Sie entsteht bei der Säuerung von Rahm oder Sahne durch Säuerungskulturen und eignet sich sehr gut für Salatsaucen und zur Verfeinerung von Suppen. Für einen Brotaufstrich ist sie jedoch zu leicht.

Doppelt gefällt hält besser – Quark

Man kann leicht zu dem Schluß kommen, daß es sich bei Dickmilch und Quark um ein- und dasselbe handelt. Wenn man sich jedoch die Herstellungswege der beiden Produkte genauer ansieht, erkennt man, daß Quark zwar mit Dickmilch – wie auch mit Käse – sehr eng „verwandt" ist, ihnen jedoch nicht entspricht. Quark entsteht quasi aus Dickmilch und ist selbst ein Vorprodukt des Käse, manchmal wird Quark sogar als Frischkäse bezeichnet. Zunächst wird die Milch auch hier mit einer Säuerungskultur beimpft. Die ideale Temperatur für die Quark- und Käseherstellung liegt also ebenfalls bei 28 bis 30 °C (siehe *Seite 26*). Schon binnen vier Stunden haben die Bakterien die Milch soweit angesäuert (pH 6,2), daß die Milcheiweiße ausgefällt werden – Dickmilch ist entstanden. Dies ist die erste Stufe der Quarkherstellung. Im zweiten Schritt wird nun ein Produkt mit dem merkwürdigen Namen Labferment zugesetzt, das eine zweite Fällung bewirkt.

Dickmilch + Labferment = Quark und Käse

Beim Labferment handelt es sich keineswegs um eine Bakterienkultur, sondern um ein Enzym. Traditionell wird Lab aus Kälbermägen gewonnen. Kälber haben – wie alle Wiederkäuer – vier verschiedene Mägen, die ein sehr kompliziertes System bilden. Pansen-, Netz- und Blättermagen machen es ihnen möglich, das an sich schwer verdauliche Gras mit Hilfe von Bakterien gründlich zu verwerten. Außerdem haben sie noch einen weiteren Magen,

Abb. 4: Zur Herstellung von Quark benötigt man außer den Säuerungskulturen noch ein spezielles Enzym, das Labferment.

den Labmagen. Hier wird während der Saugphase das Labferment gebildet. Mit seiner Hilfe können die jungen Tiere die Muttermilch leichter verdauen, es läßt die Milch sofort gerinnen. Dabei wird das wasserlösliche Casein in wasserunlösliche Stoffe (Paracasein und ein Peptidanteil) verwandelt. Casein ist der Haupteiweißbestandteil der Milch. Diese Umwandlung sieht anders aus als das bloße Dickwerden der Milch, denn hier scheidet sich die klare Molke, das ist Wasser und noch im Wasser gelöste Bestandteile, ab; zurück bleiben wasserunlösliche Stoffe – der spätere Quark.

Lab aus der Gentechnik-Küche

Heutzutage werden viele Enzyme auf gentechnischem Weg hergestellt, denn dieses Verfahren ist mittlerweile relativ einfach und spart Kosten. Im Waschmittelbereich werden deshalb gegenwärtig nahezu alle Enzyme auf diese Weise produziert. Auch beim Labferment oder Chymosin ist die Gewinnung aus Kälbermägen sehr aufwendig, deshalb etabliert sich auch hier allmählich die gentechnische Herstellung. Die Produkte, die mit solchem Chymosin hergestellt werden, also Quark und Käse, müssen nach europäischem Recht nicht gekennzeichnet werden, da sie selbst keine gentechnisch veränderten Bestandteile enthalten, sondern lediglich mit Hilfe von gentechnisch veränderten Mikroorganismen hergestellt wurden. Der Verbraucher weiß also oft gar nicht, ob er Lebensmittel aus gentechnischer Produktion zu sich nimmt. Viele Menschen lehnen solche Produkte ab oder möchten zumindest wissen, ob sie sogenanntes Gen-Food kaufen. Da der Verbraucher dies im Bereich von Quark und Käse nicht mehr überprüfen kann, ist Selbermachen hier eine echte Alternative. Bei unseren Labtabletten garantieren wir Ihnen, daß keine gentechnischen Verfahren oder gentechnisch manipulierte Organismen im Spiel waren. Außerdem enthalten die Labtabletten der Hobbythek auch im Gegensatz zu allen anderen erhältlichen Labtabletten oder Flüssiglab keine Konservierungsstoffe.

Quark: krümelig oder sahnig

Die Labfällung ist der zentrale Vorgang bei der Quark- und Käseherstellung, egal ob in der heimischen Küche oder in der Milchfabrik. Daheim werden die festen Bestandteile nun durch ein Tuch von der Molke abgetrennt, industriell geschieht dies mit großen Schleudern. Je nachdem, wie weit die Molke aus der Quarkmasse entfernt wird, bleibt ein weicher oder fester Quark zurück. Dieser kann direkt zu leckeren Desserts oder würzigem Brotbelag weiter verarbeitet werden, denn Quark braucht im Gegensatz zu Käse nicht zu reifen. Dies spiegelt sich auch im Begriff Frischkäse wider, denn Quark ist sozusagen der jüngste unter den Frischkäsen. Ihm folgen Schichtkäse und Mozzarella, der aber nicht mit Hilfe von Säuerungskulturen, sondern nur mit Zitronensaft angesäuert wird. Die Unterschiede zwischen Quark und Käse sowie den verschiedenen Käsesorten liegen also oftmals nur an kleinen Veränderungen und liefern dennoch ganz verschiedene Produkte. Grafik 1 auf *Seite 29* gibt einen Überblick über die verschiedenen Milchprodukte und ihre Entstehung.

Bei der Herstellung von Quark ist die Wahl der Säuerungskulturen sehr wichtig, denn sie beeinflussen das fertige Produkt. Manche Kulturen erzeugen einen eher krümeligen Quark, andere dagegen einen locker-cremigen. Außerdem zeigen sich auch Geschmacksvarianten von säuerlich-bitter bis mild-aromatisch. Manche Sorten eignen sich eher als Brotaufstrich, andere als duftige Desserts. Das typische Quarkaroma wird durch den Stoff Diacetyl erzeugt. Dieses Nebenprodukt aus dem Stoffwechsel der mesophilen Keime erzeugt den „butterigen" Geschmack. ProBiDa, die Säuerungskultur der Hobbythek, liefert einen cremig-aromatischen Quark (siehe *Seite 38 ff.*).

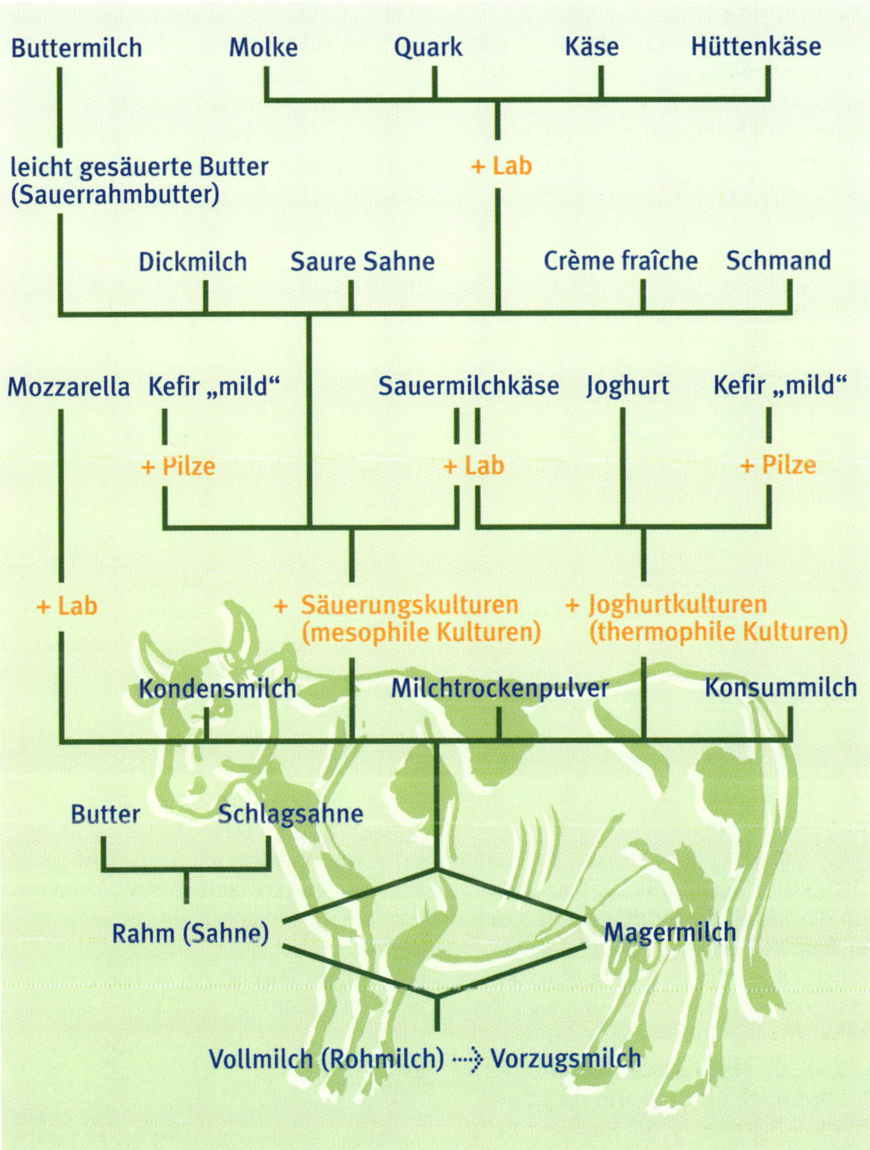

Grafik 1: Die verschiedenen Milchprodukte und ihre Herstellungswege.

Wandfarbe zum Essen

Milch ist keineswegs ausschließlich ein Lebensmittel, sondern eignet sich auch als Ausgangsstoff für den Kosmetik- und Farbenbereich. Als umweltfreundliches Bindemittel bildet Casein die Grundlage für viele Ökofarben und sogar Lacke. Die Hobbythek hat diesen Farben bereits eine eigene Sendung gewidmet, in der die vielen Anwendungsmöglichkeiten der „Quarkfarben" vorgestellt wurden. Natürlich gibt es auch eine eigene Basisfarbe der Hobbythek.
Es ist unsere **Farba HT**, die einen hervorragenden weißen Wandanstrich liefert und sich zudem sehr einfach mit den Farb- und Perlglanzpigmenten der Hobbythek (siehe Hobbythekbuch „Schminken, pflegen, schönes Haar") zu einer bunten Wandfarbe variieren läßt. Milcheiweiß wird außerdem als Kleber in der Papierverleimung eingesetzt und gilt als Imprägnierstoff für Textilien.
Was indes Molkenproteine, also Eiweiße der wäßrigen Milchphase, in manchen Biowaschmitteln zu suchen haben, ist nicht völlig klar. Eine reinigende Wirkung wurde bei ihnen bisher nicht nachgewiesen, allerdings dürften die Molkenproteine zumindest auch keinen Schaden bei Wäsche und Umwelt anrichten – doch ob man dafür Geld ausgeben sollte?

Käse – ein reifes Milchprodukt

Als die Menschen vor 10 000 Jahren begannen, Tiere zu melken, waren die Kühlmöglichkeiten sehr begrenzt. Die in der Milch und der Umgebung vorhandenen Keime konnten sich gut vermehren. Milchvorräte wurden deshalb – insbesondere im Sommer – schnell sauer und dicklich: Die erste Dickmilch bzw. der erste Joghurt war entstanden. Aber wie kam es zur Entdeckung des Käse? Hier reichen schließlich die Mikroorganismen aus der Umgebung nicht aus, sondern das Lab aus dem Magen eines Wiederkäuers muß zugesetzt werden. Des Rätsels Lösung liegt bei den Hirten: Diese füllten ihre Tagesration an Milch in Taschen aus getrockneten Schafsmägen. Da sich aber darin fast immer noch Reste des Verdauungsenzyms Lab befanden, tat dieses seine Wirkung, und der erste Käse war produziert.

Der Weg zum fertigen Käse

Nach der Labfällung trennen sich die Wege zwischen Käse und Quark. Zur Käseherstellung muß die Molke nun besonders gut entfernt werden, andernfalls wird der Käse nicht fest genug. Dazu wird die eingedickte Milch – vom Fachmann Gallerte genannt – nun je nach Rezept in unterschiedlich große Würfel geschnitten. Profis unter den Käseherstellern benutzen dazu eine sogenannte Käseharfe, das ist ein Rahmen mit mehreren Drähten. Damit wird die Gallerte in horizontaler Richtung und dann mehrmals längs und quer von oben geschnitten. Für Frischkäse müssen die entstehenden Würfel – der Bruch – größer sein als für Hartkäse. Die Molke kann nun aus der Masse herausquellen. Obwohl dieser Vorgang äußerst kompliziert klingt, ist er auch im Haushalt leicht zu bewältigen. Hier kann man die Molke durch ein Tuch oder mit der Käsepresse (siehe *Seite 43*) herauspressen. Bei der industriellen Bearbeitung werden die Würfel dagegen solange gerührt, bis das Bruchkorn die gewünschte Festigkeit erreicht hat.

Abb. 5: Nur kleine Abweichungen in der Herstellung bringen eine solche Vielfalt an Käsesorten hervor.

Cheesecurds – eine amerikanische Spezialität

Diese Brocken werden als ungereiftes Koagulum (der Chemiker spricht vom Koagulieren, wenn Eiweiße unwiderruflich in eine feste, wasserunlösliche Form überführt werden) oder im englisch-amerikanischen als Cheesecurds bzw. Curdcheese bezeichnet. In Wisconsin, einem Bundesstaat im mittleren Westen der USA, öffnen die meisten der vielen Käsefabriken ihre Tore für den Verkauf dieser Cheesecurds, die hier als Delikatesse gelten. In kleinen Tüten werden die frischen Curds wie Chips verkauft. Ein untrügliches Zeichen ihrer Frische ist das quietschende Geräusch, das entsteht, wenn man die Bröckchen mit der Hand aneinander reibt. Bei uns ist die Sitte, dieses Zwischenprodukt aus der Käseherstellung zu essen und zu verkaufen, unbekannt. In Wisconsin mampft dagegen so mancher Autofahrer (die Fabriken liegen in der Regel sehr abgelegen und sind nur mit dem Pkw zu erreichen) schon auf seinem Weg von der Käsefabrik Cheesecurds, denn nur frisch schmeckt dieses originelle Lebensmittel wirklich gut.

Abb. 6: Der feine Draht der Käseharfe zerteilt die dickgelegte Milch in kleine Stücke. In größeren Betrieben geschieht dies bereits maschinell.

Abb. 7: In einem großen Baumwolltuch wird der Käsebruch aus dem Kupferkessel gehoben. Die Molke läuft ab und der Bruch wird in die Käseformen gefüllt.

Käse in Form bringen

Für Gouda, Edamer oder andere Schnittkäse wird die Masse nun noch einmal kräftig gepreßt. Dann wird der Käse in entsprechende Formen gefüllt. Für die verschiedenen Käsesorten haben sich bestimmte, typische Formen durchgesetzt, an denen man die Käse gut unterscheiden kann. So ist ein Edamer stets kugelförmig, Gouda und Leerdamer sind runde Scheiben, und der deutsche Butterkäse hat eine Kastenform. Je nach Käseart wird dieser noch gewendet, dann wird er in einer Salzlake gesalzen und muß nun „nur" noch reifen. Frischkäse ist jedoch direkt fertig, Gouda oder Edamer benötigen dagegen mehrere Wochen. Beim Reifen spielen die Temperatur und die Luftfeuchtigkeit eine wichtige Rolle. Außerdem können weitere geschmacksbildende Mikroorganismen und natürlich Gewürze oder Kräuter wie Pfefferkörner, Paprika oder Schnittlauch zugesetzt werden. Bei den Mikroorganismen handelt es sich um verschiedene Schimmelpilze. Anders als die unerwünschten und oft extrem ungesunden Schimmel auf Lebensmitteln sind diese speziellen Schimmelkulturen völlig ungiftig, gesund und aromatisch. Sie erzeugen einen weißen oberflächlichen Schimmelbelag, zum Beispiel beim Camembert, oder den blauen Schimmel beim Roquefort, der dann das spezifische Aroma dieser Käsesorten ausmacht. Auch die Hobbythek hat ihre eigenen Käseschimmel „Procambert" und „Proroquefort" (siehe *Seite 47 ff.*).

Abb. 8: Käselaibe im Salzbad.

Industriekäse und seine Schadstoffe

In der milchverarbeitenden Industrie ist es üblich, dem Käsebruch zusätzlich noch Calciumchlorid zuzugeben, damit er besonders fest wird. Dieses Salz ist keineswegs schädlich und deshalb als Käsezusatzstoff zu tolerieren. Leider kommen bei der Käseherstellung aber noch andere Salze zum Einsatz. Bei halbfestem Schnittkäse, Schnittkäse und Hartkäse werden aus verfahrenstechnischen Gründen bis zu 0,05 Gramm Natrium- bzw. Kaliumnitrat pro Liter Milch zugesetzt, die verhindern sollen, daß beim Reifen des Käses Risse und Blasen entstehen. Nitrat kann sich über Nitrit in gefährliche Nitrosamine umwandeln, die erwiesenermaßen Krebs verursachen können.

Die Salze werden zwar auf der Käseverpackung angegeben (E 251, E 252), da sie aber praktisch in jedem dieser Käse enthalten sind, kann man ihnen als Verbraucher kaum entgehen – es sei denn, Sie produzieren ihren Käse selbst (siehe ab *Seite 43*).

Die Käseverordnung – Regeln beim Käse

Was wären die Deutschen ohne ihre Regeln und Vorschriften. Natürlich gibt es auch für Käse festgelegte Werte, die übrigens auch von ausländischen Sorten eingehalten werden müssen. So muß die Sorte bzw. die Verkehrsbezeichnung, der Fettgehalt, das Zutatenverzeichnis, der Name des Herstellers und das Mindesthaltbarkeitsdatum deutlich sichtbar auf der Packung oder dem Etikett ausgewiesen sein. Allerdings gibt es bis heute für die Staaten der EU kein einheitliches Käserecht. Zur Zeit wird an einem weltweit gültigen „Codex alimentarius" gearbeitet. Er wird Käse für den internationalen Handel in Produktstandards klassifizieren. Dieser Codex wird frühestens 1999 in Kraft treten. Lediglich die Butter ist schon heute einheitlich definiert, ihr Fettgehalt muß nach der europäischen Streichfettverordnung zwischen 80 und 89 Prozent liegen.
Der Fettgehalt von Käse wird bezogen auf seine Trockenmasse oder als Fettgehaltsstufe angegeben. Die folgende Tabelle gibt den typischen Fettgehalt der einzelnen Käsestufen an:

Fettgehaltsstufe	Fett in der Trockenmasse (Fett i. Tr.)
Doppelrahmstufe	60 % bis 85 %
Rahmstufe	mind. 50 %
Vollfettstufe	mind. 45 %
Fettstufe	mind. 40 %
Dreiviertelfettstufe	mind. 30 %
Halbfettstufe	mind. 20 %
Viertelfettstufe	mind. 10 %
Magerstufe	weniger als 10 %

Tabelle 1

Diese Werte helfen dem Verbraucher aber nicht, wenn er wissen will, wieviel Fett und damit auch Kalorien in dem Käsestück, das er gerade ißt, tatsächlich enthalten sind, denn schließlich ist uns der Wassergehalt darin unbekannt. Tabelle 2 gibt Ihnen deshalb einen Überblick über den Wasseranteil in den verschiedenen Käsesorten und die tatsächlichen Fettwerte. Als Faustregel kann gelten, daß etwa die Hälfte des angegebenen Fettwertes tatsächlich im Käse enthalten ist, bei Frischkäse ist es sogar noch weniger.
An den Käsetheken der Supermärkte und Lebensmittelgeschäfte finden sich von jeder Käsegruppe viele verschiedene Sorten. Bei uns ist Käse aus Holland sehr beliebt. Dabei handelt es sich meist um die wasserärmeren Sorten. Guter Schnittkäse kommt oft auch aus Italien, der Schweiz und Dänemark. Die französischen Spezialitäten gehören meist zur Gruppe der Weichkäse. Hier-

Käsegruppe	Fett i. Tr.	Wassergehalt	Fettgehalt absolut	Beispiel
Hartkäse	30–50 %	bis 40 %	18–30 %	Emmentaler, Parmesan
Schnittkäse	30–50 %	40–50 %	15–30 %	Gouda, Edamer
Halbfester Schnittkäse	30–60 %	40–50 %	15–36 %	Gorgonzola, Butterkäse
Sauermilchkäse	unter 10 %	65 %	unter 5 %	Harzer, Handkäse
Weichkäse	20–60 %	50–65 %	7–30 %	Camembert, Limburger
Frischkäse	10–80 %	55–80 %	bis 36 %	Mozzarella, Schichtkäse, Hüttenkäse

Tabelle 2

unter findet sich auch immer mal wieder der eine oder andere Rohmilchkäse.

Rohmilchkäse – gefährliche Köstlichkeit

Rohmilchkäse ist eine Spezialität, die insbesondere in Frankreich gerne und häufig genossen wird. Da sie aus sogenannter Vorzugsmilch – das ist die im Handel befindliche unbehandelte Rohmilch – hergestellt werden, können die Käse neben den für die Herstellung erforderlichen Mikroorganismen weitere Keime, insbesondere aus und vom Euter der Kuh, enthalten. Wird der Käse nun gelagert, so haben diese Bakterien Zeit, sich zu vermehren – manchmal sogar explosionsartig. Dies sieht man dem Käse allerdings nicht an. Durch den Verzehr kann es unter Umständen zu einer schweren Lebensmittelvergiftung kommen. Deshalb unser Rat: Wer auf Rohmilchkäse nicht verzichten möchte, sollte diesen in jedem Fall nur ganz frisch essen, vergleichbar mit Gerichten, die rohe Eier enthalten. Rohmilchkäse gehören auf keinen Fall in den Kühlschrank, sondern unter die Käseglocke. Dort „arbeiten" die Mikroorganismen im Käse noch und entwickeln erst jetzt das vollreife Aroma.

Abb. 10: Rohmilchkäse sollte nicht im Kühlschrank, sondern bei Zimmertemperatur unter einer Käseglocke aufbewahrt werden.

Abb. 9: Weichkäse wie dieser Camembert kann bis zu 60 Prozent Fett in der Trockenmasse enthalten.

Kefir – ein Milchexot

Kefir ist das einzige Milchprodukt, das auch durch Pilze und nicht nur durch Bakterien entsteht. Lediglich bei einigen Schimmelkäsen finden sich zusätzliche Pilzkulturen, diese dienen dann aber ausschließlich dem Geschmack und werden nicht bei der Herstellung benötigt.

Abb. 11a + b: Ob Frucht oder für Milchgetränke: Frusip's, die geschützte Marke der Hobbythek, machen aus Kefir, Joghurt, Quark und Dickmilch eine leckere Köstlichkeit.

Echten Kefir gibt es nicht in Geschäften, bei den käuflichen Produkten findet sich nämlich auf dem Etikett ein Namenszusatz, der uns bereits bekannt vorkommt. Dort steht immer „Kefir mild", das bedeutet, daß er nicht mit Hilfe des Original-Kefirpilzes, einer Mischung aus den Milchsäurebakterien *Lactobacillus bulgaricus* und *Streptococcus lactis* sowie Hefepilzen, produziert wurde. Der echte Kefirpilz ist ein knollenartiges Gebilde, das mit Milch übergossen nach ca. zwölf Stunden ein eigentümlich aromatisches Milchprodukt ergibt. Danach wird der Pilz mit lauwarmem Wasser gespült und ist damit für seinen nächsten Einsatz bereit. Er bedarf der Hege und Pflege und kann so über Jahre hinweg aktiv erhalten werden. Echter Kefir enthält ca. 0,4 Prozent Alkohol, der käufliche dagegen nur Spuren, trotzdem schmeckt er sehr ähnlich. Wer dieses Getränk der bulgarischen Hirtenvölker in seinem wahren Ursprung genießen will, der muß sich leider auf die Suche nach einem Besitzer begeben, denn der Kefirpilz wird nur persönlich weitergegeben. In manchen Bioläden und Reformhäusern mögen sich Hinweise finden, wo echte Kefirknollen zu Hause sind. In der Regel wird der Eigentümer Ihnen dann etwas von seinem Pilz abtreten.

Doch dieser Aufwand ist eigentlich nicht nötig, denn die Hobbythek hat eine eigene Kefirkultur mit dem Namen KeFiDa entdeckt, die es durchaus mit der echten Kefirknolle aufnehmen kann. Das Rezept finden Sie auf *Seite 51*.

Joghurt, Quark und Käse – noch gesünder selbstgemacht

Probiotische Joghurts der Hobbythek

Bereits 1996 präsentierte die Hobbythek ihre ersten eigenen probiotischen Joghurts. Dazu hatten wir einfach handelsüblichen probiotischen Fertigjoghurt als Starterkultur für unseren Joghurt verwendet (siehe Hobbythekbuch „Darm & Po"). Das Prinzip funktionierte zwar, aber viele Zuschauer – und nicht zuletzt wir selbst – waren von dem Ergebnis nur mäßig beeindruckt: Der Joghurt war nicht fest genug und wurde bei Zugabe von Obst oder anderen Zutaten recht flüssig. Dies hat uns nicht eher ruhen lassen, bis wir die Ursachen herausfanden und Abhilfe schaffen konnten.

LaBiDa-Joghurt

Zunächst einmal wollten wir uns nicht mehr auf die Fertigjoghurts verlassen, sondern unseren Joghurt mit einem eigenen probiotischen Keim ansetzen. Nach intensivem Suchen wurden wir bei einer dänischen Firma tatsächlich fündig und konnten sogar unter verschiedenen Kombinationen und Geschmacksvarianten wählen. Wir entschieden uns für eine Kultur, die mit 14 Stunden zwar relativ lange braucht, um aus der Milch Joghurt zu machen, dafür schmeckt er aber auch besonders gut: Er ist nicht zu sauer und hat eine sehr lockere, cremige Konsistenz. Wir haben unsere Kultur LaBiDa getauft, und zwar aus folgendem Grund: „La" und „Bi" stehen für die beiden probiotischen Keime, die in dieser Joghurtkultur enthalten sind. Dabei handelt es sich zunächst um den Keim *Lactobacillus acidophilus*, daher das „La". Das „Bi" in LaBiDa steht für *Bifidobacterium lactis*, das ist die zweite wichtige Bakterie. Die Abkürzung „Da" weist auf den Darm hin, denn dem kommen die probiotischen Joghurtkulturen schließlich zugute. Neben diesen beiden gesundheitlich relevanten Keimen enthält LaBiDa noch einen technischen Keim, der dafür sorgt, daß der Joghurt fest wird und gut schmeckt: *Streptococcus thermophilus*, der Wärmeliebende.

Magermilchpulver – der Profitrick
Unser LaBiDa-Joghurt kann es mit jedem selbstgemachten und gekauften Joghurt aufnehmen. Damit er regelrecht stichfest wird, wenden wir noch einen echten Profitrick an: Mit Magermilchpulver erhält selbstgemachter Joghurt eine wirklich optimale Konsistenz. Am besten geben Sie ein bis zwei Eßlöffel auf einen Liter Milch, dann bleibt der fertige Joghurt auch nach dem Umrühren fest, denn das Magermilchpulver erhöht die Trockenmasse des Joghurts.

Der Joghurt sollte aus steriler H-Milch hergestellt werden, der wir erst mit unserer Joghurtkultur wieder Leben einhauchen. Damit ist sichergestellt, daß sich außer den Joghurtbakterien keine anderen Keime mehr in der Milch befinden. Fremde Mikroorganismen könnten sich nämlich ebenfalls in dem mollig warmen Joghurtbereiter vermehren und das fertige Produkt verderben. Statt leckerem Joghurt erhalten Sie dann saure Milch. Wenn Sie Frischmilch verwenden wollen, müssen Sie diese unbedingt vorher abkochen und wieder abkühlen lassen. Damit ist garantiert, daß die Keime abgetötet sind.

Die meisten Joghurtbereiter fassen genau einen Liter Milch und lassen sich besonders einfach und gleichmäßig mit der Joghurtkultur beimpfen. Manche Joghurtmaschinen verfügen auch über Portionsgläschen, die zusammengerechnet aber insgesamt ebenfalls etwa einen Liter ergeben. Jedes Gläschen ist dann praktisch eine einzelne Joghurtportion und braucht vor dem Verzehr nicht mehr extra abgefüllt zu werden. Im Prinzip ist es Geschmackssache, ob der Joghurt schon bei der Herstellung oder erst danach portioniert wird. Für die Quarkherstellung (siehe *Seite 40 f.*) sollten Sie jedoch unbedingt ein Einkammergerät verwenden, da sich andernfalls der Quark nicht weiter zu Käse verarbeiten läßt.
LaBiDa braucht 14 Stunden, um seine Arbeit optimal zu erledigen. Leider sind die meisten Joghurtbereiter aber nur für zehn bis zwölf Stunden ausgelegt. Wir haben uns deshalb darum bemüht, daß neu produzierte Joghurtmaschinen mit einer längeren Betriebszeit ausgerüstet werden. Sie sollten bereits in den Läden, die traditionell unsere Produkte führen (siehe *Bezugsquellenverzeichnis*), erhältlich sein. Falls Sie jedoch schon ein Gerät besitzen, so läßt sich dieses mit einem Trick überlisten: Stellen Sie den Joghurtbereiter auf die Höchstdauer, also zehn oder zwölf Stunden, ziehen Sie dann nach zwei bzw. vier Stunden den Stecker und stecken ihn nach ein paar Sekunden erneut in die Steckdose. Jetzt beginnt die Uhr wieder von vorne und auf diese Weise erreichen Sie die 14 Stunden. Sie können natürlich auch zweimal hintereinander sieben Stunden einstellen. Nach Ablauf der eingestellten Zeit schalten die meisten Joghurtbereiter von selbst ab. Während der Herstellung sollte der Joghurtbereiter übrigens nicht bewegt werden, denn jede Erschütterung kann den empfindlichen Prozeß stören. Das entstehende Casein-Gel (siehe *Seite 24*) zieht sich durch den Stoß zusammen, so daß sich Molke auf dem Joghurt absetzt. Dadurch wird die Stichfestigkeit des Milchprodukts beeinträchtigt.

Unser selbstgemachter Joghurt schmeckt pur wunderbar, Sie können ihn aber natürlich durch mannigfaltige Zutaten süßen und verfeinern. Hier das Grundrezept, das sich natürlich nach Herzenslust weiter verarbeiten und variieren läßt.

LaBiDa-Joghurt-Grundrezept

1 l	H-Milch oder abgekochte und wieder abgekühlte Frischmilch
evtl. 2 EL	Magermilchpulver
evtl. 2–3 EL	Gummar HT
1 kleine Msp.	LaBiDa
evtl. 5–10 Tabl.	Lightsüß HT
evtl. 7–8 EL	Frusip's 1:20 oder
3–4 EL	Frusip's 1:40 nach Geschmack

Erwärmen Sie die Milch auf Körpertemperatur – also 36 bis 40 °C (Küchenthermometer!). Wenn Sie abgekochte Frischmilch verwenden, lassen Sie diese erst bis zur gewünschten Temperatur abkühlen. Bei Temperaturen über 45 °C können unsere Joghurtbakterien absterben. Hat die Milch die richtige Temperatur, können Sie sie von der Platte nehmen und das Magermilchpulver sowie den Ballaststoff einrühren. Danach wird der sterilen Milch mit einer Messerspitze der LaBiDa-Kultur Leben eingeimpft. Am besten wird die Kultur zunächst in einer kleineren Menge (ca. zwei Finger hoch) Milch im Topf des Joghurtbereiters verrührt. Bei Bedarf jetzt den Süßstoff und die Frusip's einrühren, beide können Sie aber auch später in den fertigen Joghurt geben. Dann die restliche Milch zuschütten und noch einmal rühren. Jetzt den Joghurtbereiter einschalten und 14 Stunden bei 38 bis 40 °C fermentieren.

Ich, Jean Pütz, praktiziere übrigens einen etwas abgewandelten Weg der Joghurtbereitung, den ich Ihnen nicht vorenthalten will: Einen dreiviertel Liter Milch auf dem Herd auf 50 bis 55 °C erwärmen, nach Geschmack Magermilchpulver und Gummar HT unterrühren. Restliche Milch in den Joghurtbereiter geben. LaBiDa-Kultur in der kalten Milch verrühren, dann – oder später in den fertigen Joghurt – Süßstoff und Frusip's dazu und die erwärmte Milch zugeben. 14 Stunden fermentieren – fertig. Gut gekühlt schmeckt der Joghurt am besten.

Variationen: Süßen können Sie den Joghurt natürlich auch statt mit Lightsüß mit anderen Süßungsmitteln der Hobbythek, zum Beispiel Apfelsüße. Wenn Sie unsere Ballastsüße verwenden, können Sie auf Gummar HT verzichten, da Ballastsüße ein ballaststoffreicher Süßstoff ist. Natürlich läßt sich der Joghurt auch mit Zucker oder Honig süßen. Beim Ballaststoff können Sie ebenfalls variieren und statt Gummar HT Inulin 90 oder 100 HT oder Oligofruct HT zusetzen, am besten eine Mischung aus beiden, nämlich jeweils einen Eßlöffel Inulin und Oligofruct. Natürlich können Sie statt dessen auch ein bis zwei Eßlöffel Faserballaststoff, zum Beispiel unsere leicht bittere Orangenfaser (siehe *Seite 56*), verwenden.

Sollten Sie Ihren Joghurt bei der Herstellung auch schon aromatisieren wollen, so eignen sich dazu Frusip's hervorragend. Besonders gut schmecken unsere neuen Frusip's für Milchgetränke: Walnuß, Vanille, Karamel, Marzipan, Nougat, Cappuccino und Schokolade. Natürlich können die Frusip's auch miteinander kombiniert werden. Der absolute Renner in unserer Hobbythek-Versuchsküche war die Mischung aus Vanille, Marzipan und Walnuß zu gleichen Teilen. Auch unsere Fruchtfrusip's eignen sich sehr gut als Joghurtaroma, zum Beispiel Himbeere, Erdbeere, Aronia, Aprikose oder Apfel-Zimt. Bedenken Sie dabei, daß die Frusip's keinen zugesetzten Zucker enthalten, sie ersetzen also kein Süßungsmittel. Aber manche finden gerade das von Vorteil, und es muß ja nicht alles zuckersüß sein. Rezepte für süße und delikate Joghurts aller Art finden Sie ab *Seite 61*.

Abb. 1: Den fertigen LaBiDa-Joghurt können Sie mit Früchten oder aber wie hier zu sehen mit unseren Frusip's verfeinern.

Quark à la Hobbythek mit ProBiDa

Natürlich hat die Hobbythek auch ihren eigenen Quark. Dieser ist in der Herstellung etwas komplizierter als Joghurt, doch er hat einen unschätzbaren Vorteil: Er enthält ebenfalls probiotische Keime. Bis vor kurzem war dieses Produkt einzigartig, doch sind mittlerweile auch die ersten Firmen auf die Idee gekommen. Natürlich ist auch hier die probiotische Variante deutlich teurer als normaler Quark, doch das muß nicht sein, wie wir mit unserem eigenen probiotischen Quark beweisen. Wir verwenden dazu unsere Quark- und Käsekultur ProBiDa. Sie besteht zu gleichen Teilen aus klassischen Säuerungskulturen und der probiotischen LaBiDa-Kultur. Bei den Säuerungskulturen handelt es sich um die mesophilen Keime *Lactococcus lactis* und *Leuconostoc cremoris*. Diese sorgen für einen aromareichen, lockeren Quark. ProBiDa ist nicht nur

Abb. 2: Unsere Säuerungskultur ProBiDa sorgt für einen aromareichen und lockeren Quark, der noch dazu durch die probiotischen Bakterien sehr gesund ist.

dafür verantwortlich, daß unser Quark besonders gesund ist, sondern verleiht ihm zudem eine sahnige Beschaffenheit. ProBiDa eignet sich zur Herstellung von Quark und Käse, aber auch für Dickmilch, Crème fraîche, Schmand und Saure Sahne, die dann natürlich alle probiotische Eigenschaften aufweisen.

Probiotischer Quark – der Beweis

Natürlich wollten wir einen Beweis dafür haben, daß unsere Idee vom probiotischen Quark auch funktioniert, denn die Bedingungen bei der Quarkzubereitung sind andere als bei der Joghurtherstellung. So hätte es ja sein können, daß sich die LaBiDa-Bakterien in der Quarkkultur bei der niedrigeren Temperatur nicht ausreichend vermehren oder daß sie sich durch die Anwesenheit der Säuerungskulturen oder des Labferments gestört fühlen.

In unserem Labor haben wir deshalb mit verschiedenen Versuchsansätzen experimentiert. Entscheidend war für uns jedesmal der Vergleich der Proben untereinander. Als Standard wählten wir unseren normalen LaBiDa-Joghurt, der bei 38 bis 40 °C entstand. Mit diesem verglichen wir die Testprodukte, die wir bei 28 bis 30 °C und bei 35 °C fermentierten. Außerdem wollten wir sehen, ob Lab oder die Säuerungskultur Einfluß auf unsere LaBiDa-Bakterien und ihre Vermehrungsrate nehmen. Bei drei Testläufen und unserem Standard ließen wir die Keimzahl der probiotischen Bakterien im Endprodukt bestimmen. Das Labor, das diese Aufgabe für uns übernahm, wußte nicht, um welche Produkte es sich handelte. Die Proben waren lediglich mit den Ziffern 1 bis 4 versehen. Das Ergebnis kann sich sehen lassen:

Ansatz	**Fermentations-Temperatur**	**Anzahl von *Bifidobacterium lactis***	**Anzahl von *Lactobacillus acidophilus***
1. (= Standard) LaBiDa-Joghurt	38–40 °C	2×10^5	$1{,}2 \times 10^8$
2. LaBiDa-Joghurt	28–30 °C	$1{,}2 \times 10^6$	$6{,}1 \times 10^7$
3. Quark mit LaBiDa, Lab, Säuerungskultur	28–30 °C	$2{,}2 \times 10^6$	$1{,}1 \times 10^8$
4. Quark mit LaBiDa, Lab, Säuerungskultur	35 °C	$1{,}4 \times 10^6$	$1{,}2 \times 10^8$

Tabelle 1

Diese Tabelle zeigt, daß sich in unserem Quark (Ansatz 3) die probiotischen Keime tatsächlich vermehrt haben, und zwar fast genauso stark wie in unserem probiotischen LaBiDa-Joghurt. Bei den Bifidobakterien liegt die Zahl sogar noch darüber, bei *Lactobacillus acidophilus* nur gering unter dem Standard. Sowohl die geringere Temperatur als auch die Anwesenheit der Säuerungskeime und des Labferments hemmen die Vermehrung und Aktivität unserer probiotischen Bakterien also nicht. Die Ansätze 2 und 4 liefern ausschließlich Auskunft über den Einfluß der Temperatur im Vergleich zu 1 und 3. Diese macht sich zumindest bei der langen Fermentationszeit von 16 Stunden bei der Keimzahl kaum bemerkbar. Eine Temperatur von 35 °C, die von uns als Kompromiß zwischen der Joghurt- und Quarkherstellung gedacht war, nahm keinen nennenswerten Einfluß auf die probiotische Bakteriendichte und wurde deshalb als Idee wieder verworfen. Ein Vergleich von allen vier Proben legt den Schluß nahe, daß die Bifidobakterien den Temperaturunterschied kaum wahrnehmen und sich unabhängig davon in etwa gleichstark vermehren. *Lactobacillus acidophilus* reagiert hingegen etwas empfindlicher: Bei Temperaturen von 28 bis 30 °C vermehrt er sich geringfügig weniger. Dies ist aber bei weitem keine nennenswerte Qualitätsminderung unseres Quarks. Er entspricht in der Zahl der probiotischen Keime der Menge, die auch in kommerziellen Produkten oder unserem LaBiDa-Joghurt enthalten ist.

Das brauchen Sie dazu …

Labtabletten HT

Um aus Milch Quark zu machen, bedarf es jedoch mehr als einer Säuerungskultur. Wie auf *Seite 27 f.* beschrieben, ist eine Labfällung notwendig. Erst das Enzym aus dem Kälbermagen sorgt dafür, daß das Eiweiß gerinnt. Schon vor Jahren hat die Hobbythek ihre eigenen Labtabletten initiiert, die heute noch über Apotheken erhältlich sind. Leider werden diese Tabletten entgegen unserer ursprünglichen Vereinbarung inzwischen mit Benzoesäure versetzt, obwohl dies für die Haltbarkeit nicht nötig ist. Der Grund besteht darin, daß die Tabletten aus Flüssiglab hergestellt werden, das für die industrielle Nutzung konserviert wird. Deshalb finden sich auch immer Spuren dieses Konservierungsmittels in industriell gefertigtem Quark und Käse. Wir sprechen uns damals wie heute gegen Konservierungsmittel in den Labtabletten aus und haben deshalb dafür gesorgt, daß in den neuen Tabletten keine Benzoesäure mehr enthalten ist. Außerdem garantieren wir, daß unsere Labtabletten ohne gentechnische Verfahren hergestellt werden (siehe *Seite 28*). Sie können die Tabletten über die im *Bezugsquellenverzeichnis* aufgeführten Läden beziehen.

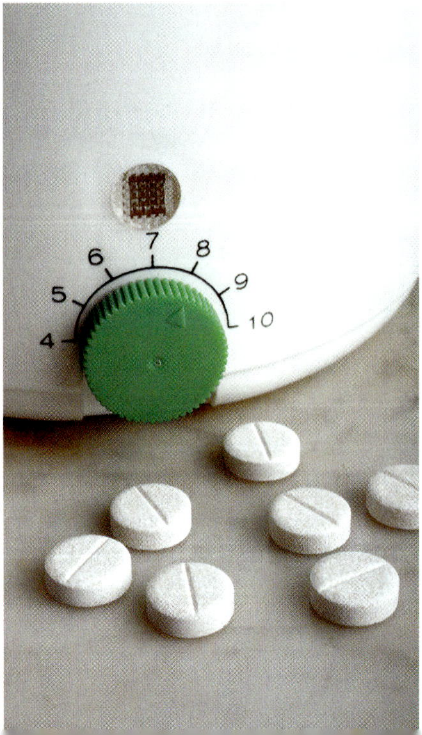

Die Quarkmaschine

Voraussetzung für eine Quarkmaschine ist, daß dieses Gerät über 16 Stunden eine gleichmäßige Temperatur von 28 bis 30 °C garantiert. Dies ist mit den Joghurtbereitern nicht möglich, da diese zu hohe Temperaturen erzeugen. Wir haben uns umgeschaut und gleich zwei Lösungen für dieses Problem gefunden: Zum einen haben sich Hersteller bereit erklärt, eine spezielle Quarkmaschine zu produzieren, die Sie in den unter *Bezugsquellenverzeichnis* aufgeführten Läden erwerben können. Wer jedoch bereits eine Joghurtmaschine besitzt und kein zweites Gerät für die Quarkbereitung anschaffen will, der kann sich mit einem kleinen Trick behelfen: Wie eine Art Zwischenstecker wird ein Widerstand zwischen Steckdose und

Abb. 3: Die Labtabletten der Hobbythek sind garantiert ohne Konservierungsstoffe und ohne den Einsatz gentechnischer Verfahren hergestellt.

Abb. 4: Ein Widerstand (links) zwischen Steckdose und Stecker drosselt die Stromzufuhr und damit die Betriebstemperatur für die Quarkbereitung. Oder Sie nehmen gleich eine Quarkmaschine (rechts).

Stecker der Joghurtmaschine gesteckt, der die Stromzufuhr drosselt und so gleichzeitig die Betriebstemperatur auf 28 bis 30 °C, also den idealen Bereich für die Quarkherstellung, senkt. Dies ist eine, wie wir meinen, preisgünstige und praktische Alternative, die Sie ebenfalls in den Läden, die traditionell die Hobbythek-Zutaten führen, kaufen können. Allerdings funktioniert das nur bei LeCaf-Maschinen. Wenn Sie einen Joghurtbereiter auf diese Weise zur Quarkmaschine umfunktionieren, müssen Sie auch hier den Stecker nach sechs bzw. vier Stunden ziehen, da die Betriebszeit dieser Geräte nur zehn bzw. zwölf Stunden beträgt (siehe *Seite 37*).

Wer alle diese Anschaffungen scheut, kann auch versuchen, seinen Quark in einem Gefäß auf der Heizung herzustellen. Da sich die Temperatur aber hier nicht regeln läßt, ist der Prozeß unkontrolliert und das Ergebnis ungewiß.

Quark – das Grundrezept
(Für ca. 300 g)

1 l	H-Milch oder abgekochte und wieder abgekühlte Frischmilch
1 Msp.	ProBiDa
½	Labtablette

Mischung aus Milch und Bakterien in die Quarkmaschine geben und bei 28 bis 30 °C vier Stunden ansäuern lassen. Dann die halbe Labtablette in einem Löffel Wasser lösen und zugeben. Diese Wartezeit von vier Stunden gilt für die Profiherstellung, da sie eine besonders gute Eiweißausbeute garantiert. Für die Herstellung in der eigenen Küche ist sie nicht unbedingt notwendig, Sie können das Lab direkt in den Ansatz geben. Dazu die Tablette durchbrechen und eine Hälfte in etwas Wasser lösen, dann mit der Milch und ProBiDa mischen und in eine Quarkmaschine geben. Nach wenigen Minuten umrühren und 16 Stunden bei gleichbleibender Temperatur (28 bis 30 °C) fermentieren lassen. Nach vollendeter Fermentierung den Quark in ein durchlöchertes Gefäß (Sieb), das mit einem feinmaschigen Küchentuch ausgelegt ist, geben und die Molke abtropfen lassen; je nach Vorliebe einige Stunden, dann ist der Quark noch recht cremig, oder für einen trockenen Quark länger, zum Beispiel über Nacht. Ein solcher Quark läßt sich ohne großen Aufwand zu köstlichen Dips und Brotaufstrichen weiterverarbeiten. Hier auf die schnelle einige Rezepte:

Kräuterquark „Sommerfrische"

½ TL	Schnittlauch, in feine Röllchen geschnitten
1 TL	Petersilie, gehackt
1 TL	Basilikum, gehackt
1 TL	Thymian, gehackt
evtl. ½	Knoblauchzehe, gepreßt
100 g	selbstgemachter Quark (siehe *Seite 41*)
	Salz, frisch gemahlener weißer Pfeffer

Kräuter und eventuell Knoblauch unter den Quark rühren und mit Salz und Pfeffer abschmecken.
Wichtig bei diesem Rezept ist, daß es sich um frische Kräuter handelt, denn getrocknete haben nur halb so viel Aroma. Frische Kräuter muß man nicht unbedingt kaufen. Züchten Sie sich einfach Ihren eigenen Kräutergarten auf der Fensterbank oder auf dem Balkon. Gerade im Frühjahr oder Sommer können Sie fast wöchentlich ernten.

Quark „Hot & Spicy"

3–4 TL	frische rote Paprika, fein gewürfelt
6 Tr.	Chilisauce
½	Knoblauchzehe, gepreßt
100 g	selbstgemachter Quark (siehe *Seite 41*)
	Salz, Cayennepfeffer, Paprika edelsüß

Paprikawürfel, Chilisauce und Knoblauch unter den Quark rühren und mit Salz, Pfeffer und Paprika feurig abschmecken.

Abb. 5: Aus unserem Quark-Grundrezept können Sie blitzschnell köstliche Kräuter- oder Früchtevariationen zaubern.

Zu den derzeit beliebten Nachos paßt dieses Rezept einfach hervorragend. Zu Hause vor dem Fernseher fühlen Sie sich dann fast wie im Kino.

Probiotische Dickmilch

Natürlich läßt sich mit unserem ProBiDa auch schnell und einfach eine probiotische Dickmilch herstellen:

1 Msp.	ProBiDa
1 l	H-Milch oder abgekochte und wieder abgekühlte Frischmilch

ProBiDa in die zimmerwarme Milch geben und bei 28 bis 30 °C 10 bis 14 Stunden in der Quarkmaschine oder auf der Heizung stehenlassen – fertig. Die entstandene Dickmilch eignet sich für Desserts, Eis und pur als Getränk.

Abb. 6: Mit unserer ProBiDa läßt sich schnell und einfach eine probiotische Dickmilch herstellen.

Die eigene Käseherstellung

Die ersten Schritte auf dem Weg zum eigenen Käse entsprechen der Quarkherstellung.

Käse – das Grundrezept

1 l	H-Milch oder abgekochte und wieder abgekühlte Frischmilch
1 Msp.	ProBiDa
½	Labtablette

Die Quark- oder Joghurtmaschine gut spülen und abtrocknen. Milch hineingießen, ProBiDa dazu und anschalten. Labtablette in etwas Wasser lösen und dazugeben. 16 Stunden bei 28 bis 30 °C fermentieren.
Den so entstandenen Bruch in Würfel schneiden, d. h. mit dem Messer längs und quer Schnitte durch den Quarkansatz machen, und in ein Sieb, das mit einem sauberen Tuch ausgelegt ist, geben oder direkt in den Käsesack aus der Käsepresse füllen. Die Molke abtropfen lassen.

Die Käsepresse

Wer seinen Käse bequem und praktisch von der Molke befreien möchte, für den empfiehlt sich eine Käsepresse. Sie geht auf eine Verbesserung der Idee zurück, die wir schon Anfang der achtziger Jahre vorgestellt hatten. Damals präsentierten wir eine Käsepresse zum Selberbauen aus einem Plastikrohr. Unsere neue Käsepresse ist ein äußerst einfaches, aber hilfreiches und preiswertes Gerät, das sie ebenfalls in den unter *Bezugsquellen* aufgeführten Läden erwerben können. Die Anschaffung lohnt sich, denn das mühsame

Abb. 7 a–h: Milch in die Quarkmaschine gießen, ProBiDa und halbe Labtablette dazu. Den Käsebruch direkt in der Maschine schneiden und in ein Sieb geben, das mit einem sauberen Tuch ausgelegt ist, damit die Molke abtropfen kann, oder direkt im Käsesack abtropfen lassen. Die Masse dann in den Käsesack der Presse geben. Die Büchse, die als Gewicht dient, in einer sauberen Plastiktüte verschließen und auf die Käsemasse in der Presse stecken. Fertig gepreßten Käse auf einen Teller geben.

Pressen wird dadurch wesentlich vereinfacht.

Bei der Presse handelt es sich um eine Dose aus Polyethylen, deren Boden durchlöchert ist. Der Käsebruch wird in einen mitgelieferten Käsesack oder ein Käsetuch aus feiner Baumwolle, Batist oder ähnlichem gefüllt und darin in das Rohr der Presse gesteckt. Diese liegt in ihrem Durchmesser gering über einer 850 Gramm Konservenbüchse, wie sie praktisch in jedem Haushalt zu finden ist. Die Büchse, die als Gewicht dient, in eine saubere Plastiktüte geben und auf die Käsemasse in die Käsepresse stecken. Da das Rohr der Käsepresse relativ kurz ist, kann die Büchse für stärkeren Druck auch mit anderen Gewichten, zum Beispiel weiteren Konserven, zusätzlich beschwert werden. Durch die Löcher im Boden fließt jetzt die Molke gut ab. Beim Pressen sollte das Gerät in eine Schüssel gestellt werden, um die Molke aufzufangen. Käse je nach Art einige Stunden oder über Nacht pressen. Nach dem Pressen das Tuch nach oben herausnehmen. Bei dem so entstandenen Käse handelt es sich um Frischkäse. Übrigens können Kräuter und Gewürze für den Frischkäse auch vor dem Pressen zugesetzt werden, dann zieht der Geschmack besonders gut in den Käse ein.

Abb. 8a + b: Bei den Käsepressen der Hobbythek dienen Konservendosen als Gewicht. Die Molke läuft durch die Löcher ab.

Andere Käsesorten, wie Camembert oder Roquefort, werden ebenfalls bereits vor dem Pressen mit bestimmten Schimmelkulturen versetzt und müssen bis zu ca. einer Woche reifen, damit die für sie typischen Pilze wachsen und das leckere Aroma bilden können (siehe *Seite 47 ff.*).

Wichtig: Nach dem Käsepressen müssen Presse und Tuch bzw. Säckchen natürlich gründlich gereinigt werden. Bei der Presse kann dies einfach mit kochendem Wasser und Spülmittel geschehen. Das Tuch muß dagegen sehr gut ausgespült werden und dann trocknen. Zum Waschen können Sie auch eines unserer ungiftigen Reinigungsmittel verwenden. Geeignet sind unser **Betain HT**, ein Seifenstoff aus Rüben, oder unser noch milderes **Facetensid**, das nicht einmal in den Augen brennt. Wenn Sie möchten, können Sie das Tuch bzw. den Käsesack auch mit der Weißwäsche in der Waschmaschine bei 60 °C mitwaschen und mit unserem **Biozym SE**, das ist ein stärke- und eiweißabbauendes Enzym, behandeln.

Frischkäse, Mozzarella und Hüttenkäse

Frischkäse

Am einfachsten ist die Herstellung eines Frischkäses. Dieser sahnig-cremige Käse eignet sich hervorragend als Brotaufstrich, aber auch für mannigfaltige Rezepte wie unseren „Rote-Bete-Salat" von *Seite 70.* Frischkäse kann natürlich noch mit Kräutern oder Gewürzen verfeinert werden. Nehmen Sie unsere Rezepte als Anreiz, denn der Phantasie sind keine Grenzen gesetzt.

Frischkäse-Grundrezept

(Für 300 g)

1 l	H-Milch oder abgekochte und wieder abgekühlte Frischmilch
1 Msp.	ProBiDa
½	Labtablette

Milch mit ProBiDa in die Quarkmaschine geben, Labtablette halbieren, in etwas Wasser lösen, zusetzen und umrühren. Bei 28 bis 30 °C 16 Stunden fermentieren lassen. Damit der Käse besonders sahnig wird, können Sie auch statt einem Liter einen dreiviertel Liter Milch und zusätzlich 200 g H-Schlagsahne verwenden.
Den Bruch schneiden (siehe *Seite 43*), solange der Käseansatz noch im Quarkbereiter ist. Einige Minuten stehenlassen, dann den Ansatz in den Käsesack oder ein Haushaltssieb, das mit einem feinmaschigen Tuch ausgelegt ist, geben. Über Nacht (ca. zwölf Stunden oder etwas länger) Molke ablaufen lassen. Der noch nicht gepreßte Frischkäse (Quark) eignet sich nun als Grundsubstanz für die verschiedenen Frischkäsevariationen.
Für den **Frischkäse natura** wird diese Grundmasse einfach nach Belieben mit Salz und Pfeffer gewürzt und in der Käsepresse gepreßt (siehe *Seite 44*). Sie erhalten einen leckeren und gut streichfähigen Käse.

Abb. 9: Aus der Frischkäse-Grundsubstanz lassen sich viele leckere Variationen zaubern.

Frischkäse „Grüner Pfeffer"

1–4 TL	eingelegter grüner Pfeffer
300 g	Frischkäse-Grundrezept (siehe *links*)
	Salz
	evtl. schwarzer Pfeffer, geschrotet

Grüne Pfefferkörner in den noch nicht gepreßten Frischkäse rühren, mit Salz würzen und in der Käsepresse pressen (siehe *Seite 44*). Der Käse kann außen noch mit geschroteten schwarzen Pfefferkörnern bestreut werden. Falls diese nicht haften, den Käse naß machen und in Pfefferkörnern wenden. Ein pikanter Brotaufstrich, der sich jedoch ebenso gut als Füllung für Baked Potatoes oder als Beigabe zum exklusiven Rinderfilet eignet.

Ananas-Walnuß-Frischkäse

300 g	Frischkäse-Grundrezept (siehe *Seite 45*)
3 EL	Ananasstückchen, fein gewürfelt (frisch oder Konserve)
4 TL	Walnüsse, fein gehackt
½ TL	Frusip's Ananas oder 2 TL Ananassaft
½ TL	Ballastsüße oder 1 TL Zucker
¼ TL	Frusip's Zitrone-Limette oder ½ TL Zitronensaft
2–3 TL	Sherry
	Salz, Pfeffer

Frischkäse-Grundsubstanz pressen (siehe *Seite 44*), dann Ananas, Walnüsse und Frusip's Ananas unterkneten. Mit Ballastsüße, Frusip's Zitrone-Limette, Sherry, Salz und Pfeffer fruchtig-herb abschmecken.

Tip: Unsere Quark- (siehe *Seite 42*) und Frischkäsevariationen eignen sich auch sehr gut zum Aufspritzen auf Cracker oder Gemüsetaler. Füllen Sie einfach den Frischkäse in einen Spritzbeutel und spritzen Sie ihn in Rosetten auf bunt gemischte Cracker, Pumpernickeltaler und Gemüsestücke. Diese gesunden Kanapees schmecken Ihren Gästen bestimmt.

Mozzarella

Mozzarella ist eine süditalienische Spezialität, für die besonders Neapel bekannt ist. Die Neapolitaner sind zu Recht stolz auf ihren Mozzarella, und wer einmal diese Stadt besucht, sollte es sich auf keinen Fall nehmen lassen, dort den selbstgemachten Käse zu versuchen. Mozzarella findet sich übrigens auch oft in Pasta. Auf Sizilien wird er gerne mit Auberginen kombiniert, was geschmacklich sehr gut harmoniert.
Bei der Herstellung von Mozzarella wird keine Säuerungskultur verwendet, sondern er wird mit Zitronensaft angesäuert – daher der sehr milde Geschmack dieses Käses.
Hier unser Mozzarellarezept:

Mozzarella HT

1 l	H-Milch oder abgekochte und wieder abgekühlte Frischmilch
1 Msp.	LaBiDa
½	Labtablette HT
evtl. 1½ EL	Zitronensaft

Abb. 10: Der Mozzarella der Hobbythek wird durch die LaBiDa-Kultur cremiger als die im Handel erhältlichen Sorten.

Milch mit LaBiDa und der halben Labtablette, die vorher in etwas Wasser gelöst wurde, mischen und in die Quarkmaschine geben. Eventuell Zitronensaft unterrühren. Den Ansatz 16 Stunden bei 28 bis 30 °C fermentieren, dann gleich in ein feinmaschiges Tuch oder den Käsesack gießen und in ein Küchensieb stellen. Die Molke kann über Nacht (etwa zwölf Stunden) abtropfen. Diesen Ansatz in den Käsesack geben und für 45 Minuten in 80 °C heißem Wasser brühen. Diesen so behandelten Käse in die Presse geben und mit ca. drei Kilogramm Gewicht (mindestens drei Konservenbüchsen à 850 Gramm oder ein entsprechendes Gewicht, in der ersten halben Stunde eventuell etwas weniger) sechs Stunden pressen (siehe *Seite 44*). Anschließend den Käse für eine Stunde in ein Salzbad aus einem Liter Wasser und 150 bis 200 Gramm Salz geben. Es entsteht ein Weichkäse mit typischer Mozzarellanote, der manchmal leicht körnig ist. Einen Tag im Kühlschrank ruhen lassen, andernfalls schmeckt der Käse zu sahnig.

Den Käse innerhalb von drei bis vier Tagen verzehren, da er ohne Konservierungsmittel hergestellt wurde. Durch unsere LaBiDa-Kultur wird der Mozzarella cremiger als die im Handel erhältlichen Sorten.

Hüttenkäse à la Hobbythek

Während beim Mozzarella die körnige Struktur nicht erwünscht ist, ist sie für den Hüttenkäse das typische Element. Dieser leicht rustikale Käse folgt bei seiner Herstellung zunächst dem Quarkrezept.

1 l	H-Milch oder abgekochte und wieder abgekühlte Frischmilch
½	Labtablette
1 Msp.	ProBiDa
3 EL	Joghurt oder Sahne

Milch in der Quarkmaschine auf 28 bis 30 °C erwärmen. Die halbe Labtablette in etwas Wasser lösen und mit der Milch verrühren, ProBiDa zugeben und 16 Stunden bei 28 bis 30 °C fermentieren lassen. Käsebruch schneiden und die Masse in einen Topf geben. Ca. einen Liter 45 °C heißes Wasser untermischen. Das Gemisch in ein mit einem sauberen Küchentuch ausgelegten Sieb gießen und die Molke sechs Stunden ablaufen lassen. Während dieser Zeit mit dem Löffel mehrmals kräftig durchrühren. Die Masse erneut in einen Topf geben und einen Liter 45 °C warmes Wasser zugießen, damit die typische körnige Struktur entsteht. Das Gemisch etwa eine Stunde stehenlassen, dann erneut sechs Stunden im Sieb abtropfen lassen und mehrmals kräftig durchrühren. Durch das heiße Wasser werden die Außenseiten der Bruchkörner gehärtet. Bruchkörner in eine Schale füllen. Als Dressing werden nun drei Eßlöffel Joghurt oder Sahne zugesetzt.
Variation: Bereiten Sie das Dressing doch einmal aus einer Mischung von zwei Eßlöffeln Joghurt oder Sahne, einem Teelöffel Senf (mittelscharf) und einem Teelöffel Tomatenmark zu.

Für die industrielle Herstellung von Hüttenkäse werden Kulturen verwendet, die nur wenig Aromen erzeugen und während ihrer Arbeit kaum Gas entwickeln. Unsere ProBiDa-Kultur ist allerdings aromareich und setzt bei ihrer Arbeit auch Gas frei. Aus diesem Grund wird unser Hüttenkäse etwas lockerer und runder im Geschmack als der käufliche. Außerdem enthält er als einziger Hüttenkäse überhaupt probiotische Bakterien.

Exklusive Käsespezialitäten: Roquefort und Camembert

Neben den bisher beschriebenen Weichkäsen haben wir uns auch an exklusive Käsedelikatessen herangewagt. Diese sind ja bekanntlich an der Käsetheke besonders teuer. Der selbstgemachte Käse ist also nicht nur eine besondere Leckerei, sondern schont auch das Portemonnaie.
Hier das Rezept für unseren delikaten Roquefort:

Roquefort HT

1 Msp.	ProBiDa
1 l	H-Milch oder abgekochte und wieder abgekühlte Frischmilch
1 kleine Prise	Proroquefort HT
½	Labtablette

ProBiDa in die Milch geben und die Mischung in die Quarkmaschine füllen. Dazu wird eine winzige Prise unserer Roquefort-Schimmelkultur gegeben.

Abb. 11: Erst die Säuerungskultur ProBiDa (rechts) und die Schimmelpilzkultur Proroquefort (links) machen diesen Edelkäse zu einer besonderen Delikatesse.

Diese war bisher nicht im Handel erhältlich, doch das soll sich jetzt ändern. Wir sorgen dafür, daß Sie sie in den unter *Bezugsquellen* aufgeführten Läden kaufen können. Alternativ können Sie etwas Roquefortschimmel von einer gekauften Käseecke verwenden.

Die halbe Labtablette in etwas Wasser lösen und direkt dazugeben. Bei 28 bis 30 °C 16 Stunden fermentieren. Bruch noch im Gefäß schneiden und herausnehmen, dann in einem Küchensieb, das mit einem Tuch ausgelegt ist, die Molke über Nacht abtropfen lassen. Nun kann der Käse gepreßt werden (siehe *Seite 44*). Den Käse mit ca. drei Kilogramm Gewicht beschweren und über Nacht pressen. Ein Wenden ist nicht nötig. Wenn sich ein formbarer Klumpen gebildet hat, ist der Käse genug gepreßt. Anschließend für eine Stunde in ein Salzbad aus einem Liter Wasser und 150 bis 200 Gramm Salz legen.

Wer einen größeren Käse herstellen möchte, der kann die Mengenangaben einfach verdoppeln oder verdreifachen. Dazu müssen Sie entweder zwei bis drei Quarkmaschinen parallel oder hintereinander befüllen. Oder Sie stellen den Ansatz in einem großen Topf auf die Heizung.

Die Käsereifevorrichtung

Nun muß der Käse so lange bei Zimmertemperatur an der Luft reifen, bis sich Schimmel gebildet hat: Legen Sie dazu eine durchlöcherte Plastikschüssel (Quarkbecher) mit dem Boden nach oben in eine größere Schüssel und darauf den Käse, so daß von allen Seiten Luft an ihn heran kann. Die große Schüssel unbedingt mit Klarsichtfolie abdecken (siehe Abb. 12, *Seite 49*). Nach ca. sieben Tagen, wenn der Käse vollständig mit Schimmel bedeckt ist, muß er durchgeknetet werden. Dies sollte hygienisch in einer Klarsichtfolie geschehen, so daß keine anderen Keime den Käse verunreinigen können. Auf diese Weise gelangt der Roquefortschimmel – und nur dieser – in das Innere des Käse. **Achtung:** Der Schimmel muß auf jeden Fall einen bläulichen Schimmer zeigen. Eine schwarze oder rote Färbung signalisiert unerwünschte Schimmelkulturen. Diese sind ungesund, deshalb sollte ein solcher Käse, auch wenn es schwer fällt, verworfen werden.

Um eine optimale Roquefortkäseform zu erhalten, empfiehlt es sich, den Käse zu diesem Zeitpunkt er-

Abb. 12: Als Reifevorrichtung für Roquefort und Camembert dient ein durchlöcherter Quarkbecher in einer Plastikschüssel.

neut eine Stunde in der Käsepresse zu pressen (siehe *Seite 44*). Schließlich wird der Roquefort luftdicht in Klarsichtfolie verpackt und muß im Kühlschrank noch ca. vier bis fünf Tage reifen. Fertig ist ein delikater Roquefort, der es mit seinen französischen Brüdern durchaus aufnehmen kann. Falls Ihr nächster Käse kein Roquefort sein soll, muß der Käsesack bzw. das Käsetuch in kochendes Wasser getaucht werden, um die Roquefortpilze abzutöten.

Camembert HT

1 Msp.	ProBiDa
1 Msp.	Procambert HT
1 l	H-Milch oder abgekochte und wieder abgekühlte Frischmilch
½	Labtablette

Zunächst ProBiDa und unseren Camembertschimmel Procambert in die Milch geben. Alternativ dazu können Sie etwas Schimmel (ca. 1 cm^2 großes Stück) von einem gekauften Camembert zum Beimpfen verwenden. Mischung in die Quarkmaschine füllen, die halbe Labtablette in etwas Wasser auflösen und direkt zugeben. Auch der Camembert muß 16 Stunden bei 28 bis 30 °C fermentieren. Den Bruch noch in der Quarkmaschine schneiden, herausnehmen und in einem Küchensieb, das mit einem Tuch ausgelegt ist, die Molke über Nacht abtropfen lassen.
Käse in einer Form ca. zwölf Stunden kräftig mit ca. vier Kilogramm Gewicht in der Käsepresse pressen. Den Camembert dann für eine Stunde in ein Salzbad aus einem Liter Wasser und 150 bis 200 Gramm Salz legen. Käse in der Reifungsvorrichtung (siehe *Seite 48*) bei Zimmertemperatur reifen lassen, bis sich Schimmel gebildet hat. Das dauert etwa eine Woche oder etwas länger. Dann luftdicht in Frischhaltefolie wickeln und für ca. eine Woche zum Nachreifen in den Kühlschrank legen. ProBiDa macht unseren Camembert nicht nur gesünder, sondern auch sehr cremig.

Abb. 13: Exklusive Käsespezialitäten: Camembert (links) und Roquefort (rechts).

Wer einen größeren Käse herstellen möchte, der kann die Mengenangaben einfach verdoppeln oder verdreifachen. Dazu müssen Sie entweder zwei bis drei Quarkmaschinen parallel oder hintereinander befüllen. Oder Sie stellen den Ansatz in einem großen Topf auf die Heizung.

Hände weg vom Hartkäse

Gern würden wir Ihnen an dieser Stelle auch die Rezepte für einen Gouda oder einen Edamer präsentieren. Leider ist uns aber nur in wenigen Fällen die Herstellung wirklich gelungen, meist scheiterten wir an folgendem Problem: Da die Hartkäse mehrere Wochen reifen müssen, sind sie in dieser Zeit extrem anfällig für Schimmelbefall. Immer wieder bildeten sich unerwünschte Schimmelkulturen auf dem Käse; diese reichten von relativ harmlosen Schimmelpilzen bis hin zu gefährlichen Keimen, die unter Umständen krebserzeugende Stoffe freisetzen. Anscheinend ist es in der heimischen Küche nicht möglich, so sauber zu arbeiten, daß der Schimmelbefall wirklich ausgeschlossen werden kann. Uns scheint das Risiko des Pilzbefalls zu hoch zu sein, deshalb werden wir Hartkäse weiterhin in Lebensmittelgeschäften kaufen – zwar ohne probiotische Keime, aber auch ohne unerwünschte Schimmelkulturen.

Generell gilt: Käse sollten im Gemüsefach des Kühlschranks gelagert werden, dort sind sie auch vor Licht geschützt und werden deshalb nicht so schnell ranzig. Doch damit sie ihr volles Aroma entfalten können, sollte man sie etwa eine Stunde vor dem Verzehr aus dem Kühlschrank nehmen.

Abb. 14: Hartkäse sind sehr anfällig für Schimmelbefall, da sie mehrere Wochen reifen müssen. Deshalb empfehlen wir, diese Sorten zu kaufen.

Probiotischer Kefir mit KeFiDa

Leider ist Kefir in der letzten Zeit etwas aus der Mode gekommen – völlig zu Unrecht, wie wir meinen, denn Kefir bringt eine völlig andere Geschmacksnuance in den Reigen der Milchprodukte. Genau wie Joghurt oder Quark eignet sich auch Kefir für die verschiedenen Rezepte und sogar für die Eisherstellung (siehe *Seite 85*) und verleiht diesen eine besondere Note.

Für unsere Kefirkultur KeFiDa haben wir auf die besonders gesunde Milchsäurebakterienkultur der Hobbythek LaBiDa (siehe *Seite 36*) zurückgegriffen und diese mit einem Hefepilz kombiniert. Das Ergebnis schmeckt hervorragend.

Kefir-Grundrezept

1 Msp.	KeFiDa
1 l	H-Milch oder abgekochte und wieder abgekühlte Frischmilch

KeFiDa in die zimmerwarme Milch in der Quarkmaschine geben und bei 28 bis 30 °C ca. zwölf Stunden fermentieren.
Für die Herstellung von leichtem Trinkkefir mit einem Fettgehalt unter einem Prozent eignet sich Magermilch besonders gut. Soll der Kefir dagegen als Dessert genossen oder zu Eis weiter verarbeitet werden, ist es besser, Vollmilch zu verwenden. Dieser können für die Festigkeit auch ein bis zwei Eßlöffel Magermilchpulver zugesetzt werden. Insbesondere bei der Herstellung von Eis sorgt das Pulver für eine außergewöhnliche Cremigkeit.

Natürlich kann Kefir auch mit unseren Ballaststoffen versetzt, gesüßt oder mit Frusip's verfeinert werden – ganz nach Ihrem Geschmack. Die Mengen entsprechen denen, die auf *Seite 37* unter dem Grundrezept für Joghurt aufgeführt sind.

Hier ein kleiner Anreiz zur Entwicklung eigener Rezepte:

7-Früchte-Kefir

(Für 4–6 Personen)

1	Avocado
	Zitronensaft
1	reife Birne
1	kleine Honigmelone
ca. 100 g	Weintrauben
1	Grapefruit
ca. 160 g	Erdbeeren (6 Stück)
1	Banane
400 g	Kefir, selbstgemacht (siehe *links*)
2 EL	Sahne
4 EL	Frusip's Vanille
2 TL	Frusip's Walnuß
2 EL	Inulin

Avocado in Stücke schneiden und mit Zitronensaft einreiben. Birne und Honigmelone entkernen, kleinschneiden. Weintrauben halbieren und entkernen, Grapefruit filetieren. Alle Früchte – auch Erdbeeren und Banane – im Mixer pürieren und mit Kefir auffüllen. Sahne mit Frusip's und Inulin unter den Fruchtkefir rühren.

Des Bergmanns Kuh – die Ziege

Noch in den 50er Jahren dienten Ziegen den Bergleuten des Ruhrgebiets als günstige Milchquelle. Heute sind die genügsamen Tiere weitgehend verschwunden, auch hier wird die Milch im Supermarkt gekauft. Während Ziegenmilch bei uns also sozusagen „aus dem Rennen" ist, entwickeln sich teure französische Ziegenkäse immer mehr zu exklusiven und begehrten Spezialitäten.
Das hat uns nicht ruhen lassen, denn natürlich wollten auch wir unseren eigenen Ziegenkäse herstellen – und natürlich auch Joghurt, Quark und sogar Kefir. Ziegenmilch wird genauso verarbeitet wie Kuhmilch, alle Rezepte dieses Buches lassen sich also auch mit Ziegenmilch verwirklichen. Problematischer ist es dagegen, an die Ziegenmilch heranzukommen. In der Bundesrepublik gibt es eine Reihe kleiner Milchbetriebe, die in der Regel unter ökologischen Bedingungen Ziegenmilch und ihre Produkte herstellen. Hier kann man neben den Milchprodukten auch die Ziegenmilch selbst erwerben.
Natürlich kann man sich auch eine eigene Ziege halten. Ein Tier kostet zwischen 300 und 500 DM und gibt an fast 300 Tagen im Jahr Milch, insgesamt zwischen 600 und 800 Liter. Wenn man allerdings den Garten als Weide im Kopf hat, sollte man bedenken, daß Ziegen auch Rosen, Baumrinden oder frische Triebe nicht verschmähen.
Wer seine Ziegenmilch selbst produziert, sollte diese unbedingt pasteurisieren. Wir hatten bereits auf die Gefahren von Rohmilch aufmerksam gemacht (siehe *Seite 34*). Erhitzen Sie die Milch 30 bis 32 Minuten auf 63 bis 65 °C, danach abkühlen lassen.

Molke – der Saft der Milch

Bei der Quark- und Käseherstellung bleibt die Molke immer übrig. Sie besteht in erster Linie aus Wasser, enthält aber noch probiotische Bakterien, Milchzucker, Spurenelemente und Vitamine. Damit ist sie zum Wegwerfen zu schade. Molke wird in der Industrie zu Molkepulver weiterverarbeitet oder gelangt in Kosmetika oder Erfrischungsgetränke. Pure Molke schmeckt nicht sehr gut, deshalb ist hier ein Fruchtzusatz, zum Beispiel unsere Frusip's, zur Geschmacksverbesserung sehr gut geeignet. Zwei Rezepte finden Sie auf *Seite 65*.
Weil Molke als Getränk aber nicht jedermanns Sache ist, haben wir uns auch nach einer kosmetischen Anwendung dieses Naturprodukts umgesehen.

Vor unseren Rezepten eine kurze Erklärung der Hobbythek-Produkte: **Fluidlecithin Cm** ist ein natürlicher Emulgator, bestehend aus 35 Prozent Cholinphospholipid und 15 Prozent anderer Phospholipidarten. Die restlichen 50 Prozent sind Sojaöl, das das Fluidlecithin Cm flüssig hält. **Vitamin-A-Fluid** ist Vitamin A in Liposomen, **Vitamin-E-Fluid** Vitamin E in Liposomen verpackt. Die Liposome sorgen dafür, daß das Vitamin die Ober- und Mittelschicht der Haut durchdringen kann. **Alpha-Bisabolol** ist der Hauptwirkstoff aus der Kamille. Bisabolol wirkt entzündungshemmend, kann aber auch bei bereits bestehenden Hautirritationen gezielt eingesetzt werden. Bei **LV 41** handelt es sich um den bewährten Lösungsvermittler der Hobbythek, hergestellt aus entgiftetem Rizinusöl. Er bewirkt, daß sich die ätherischen Öle im Wasser verteilen und nicht wie Fettaugen obenauf schwimmen. **Paraben K** ist ein Konservierungsmittel der Hobbythek, eine Kombination von Methylparaben und Propylparaben. Ersteres wirkt eher gegen Bakterien, letzteres gegen Pilze. Hinzu kommt noch Farnesol, eine Art Desodorierungsstoff, der Paraben K den chemischen Geruch nimmt. Gelöst haben wir diese Substanzen in Benzylalkohol.
Nach dem Genuß unseres Molkebads fühlt sich die Haut samtig und weich an:

Abb. 15: Zwei Eßlöffel unseres Molkebads pro Vollbad lassen Ihre Haut samtig und zart werden.

Molkebad

5 Tr.	Vitamin-A-Fluid
5 g	Fluidlecithin Cm
30 Tr.	Borretschöl
15 Tr.	Nachtkerzenöl
5 Tr.	Vitamin-E-Fluid
5 Tr.	alpha-Bisabolol
10 Tr.	Teebaumöl
1 Meßl.	LV 41
100 ml	Molke
evtl. 10 Tr.	Paraben K zum Konservieren

Vitamin-A-Fluid, Fluidlecithin, Borretschöl, Nachtkerzenöl, Vitamin-E-Fluid, alpha-Bisabolol und Teebaumöl nacheinander zusammengeben und verrühren, LV 41 zusetzen und Molke unter ständigem Rühren zugeben. Bei Bedarf mit

Paraben K konservieren. Pro Vollbad zwei Eßlöffel dem Wasser beigeben.

Natürlich läßt sich Molke auch mit unseren sanften Seifen kombinieren. Unsere Molke-Waschlotion trocknet die Haut nicht aus und hinterläßt nach dem Waschen ein angenehmes Hautgefühl. Die Waschlotion eignet sich sowohl für die Hände als auch den Körper und sogar für das Gesicht.
Auch hier zunächst eine kurze Beschreibung der neu hinzugekommenen Zutaten: **Facetensid** ist das mildeste Tensid, das die Hobbythek ausfindig gemacht hat. Es ist – für die Fachleute unter Ihnen – ein Citronensäureallylpolyglykolester-sulfosuccinat. Seine Hautverträglichkeit ist außerordentlich gut, es reizt selbst in konzentriertem Zustand die empfindlichen Schleimhäute der Augen nicht. **Rewoderm** ist ein rein pflanzliches Verdickungsmittel, das gleichzeitig auch Rückfettungseigenschaften besitzt und außerordentlich hautverträglich ist. Es handelt sich um ein nichtionisches Tensid, das weitgehend aus Kokosfett und Glycerin gewonnen wird.

Molke-Waschlotion

1–2 Meßl.	Fluidlecithin Cm
25 g	Facetensid
10 Tr.	Teebaumöl
100 ml	Molke
5 g	Rewoderm
evtl. 10 Tr.	Paraben K zum Konservieren

Fluidlecithin mit Facetensid mischen, Teebaumöl zugeben und Molke einrühren. Mit Rewoderm andicken und bei Bedarf mit Paraben K konservieren.

Das i-Tüpfelchen für Milchprodukte – Ballaststoffe

In alle Joghurt-, Quark- und Käserezepte können natürlich zusätzlich noch Ballaststoffe gegeben werden – damit werden sie noch gesünder, denn diese „füttern" ja sozusagen die Darmflora. Wir haben deshalb vielen unserer Rezepte (siehe ab *Seite 60*) Ballaststoffe zugesetzt. Uns erscheint es an dieser Stelle deshalb wichtig, einen Überblick über die verwendeten Ballaststoffe zu geben.

Ballaststoffe – Futter für die Darmflora

Unter dem Begriff Ballaststoffe faßt man alle Stoffe zusammen, die nicht, fast nicht oder nur teilweise verdaut werden. Die Bezeichnung stammt noch aus einer Zeit, als man sie für überflüssig – für Ballast – hielt. Ballaststoffe kommen in allen unverarbeiteten pflanzlichen Nahrungsmitteln vor. Unlösliche Ballaststoffe bilden das Gerüst jeder Pflanze, sind Hauptbestandteil der Zellwände oder treten wie beim Getreidekorn überwiegend in den Randschichten auf. Dazu zählen vor allem Cellulose und Hemicellulose. Lösliche Ballaststoffe wie das Pektin sind vor allem in Früchten enthalten.

Nach der Empfehlung der Ernährungswissenschaftler soll man täglich etwa 25 Gramm unlösliche und 15 Gramm lösliche Ballaststoffe zu sich nehmen. Verstopfungsprobleme sind meist auf eine zu geringe Ballaststoffaufnahme zurückzuführen, ihr Mangel bedingt einen verfestigten Kot. Ballaststoffe binden hingegen sehr viel Wasser und halten auf diesem Weg den Kot feucht und geschmeidig. Außerdem geben sie ihm mehr Volumen, so daß er leichter und öfter ausgeschieden werden kann. Noch vor hundert Jahren nahm jeder Mensch durchschnittlich 100 Gramm lösliche wie auch unlösliche Ballaststoffe auf. Heute sind es höchstens noch 15 Gramm. Das liegt an unserer modernen Ernährung, die viel Fleisch und weißes Mehl, dagegen aber wenig Gemüse, Hülsenfrüchte und ballaststoffreiches Getreide enthält.

Ballaststoffe stecken in Gemüse, Obst und Vollwertlebensmitteln oder auch in Trockenobst. Hier sind besonders Feigen, Datteln oder Pflaumen zu nennen. Ganz wichtig ist es, daß Obst und Gemüse mit der Schale verzehrt werden, da sich hier sowohl die meisten Vitamine als auch Ballaststoffe befinden. Leider haften an diesen Schalen jedoch oftmals Schadstoffe wie Konservierungsstoffe und Schädlingsbekämpfungsmittel. Eine Unterabteilung des früheren Gesundheitsamts, das Bundesinstitut für gesundheitlichen Verbraucherschutz und Veterinärmedizin (BgVV), weist ausdrücklich auf gesundheitsgefährdende Rückstände auf den Schalen vieler Obst- und Gemüsesorten hin. Diese Einrichtung empfiehlt, sowohl Salat als auch Obst und Gemüse vor dem Verzehr gründlich zu reinigen.

Damit Obst und Gemüse unbesorgt mit Schale verzehrt werden können, empfehlen wir unser Obst- und Gemüsewaschmittel **GeO-Wash**, das Schadstoffe gründlich entfernt.

GeO-Wash für „saubere" Ballaststoffe

Der Name GeO-Wash leitet sich von der Bezeichnung Gemüse und Obst Waschmittel ab. Hauptbestandteil ist eine fettlösende Substanz, ein sogenanntes Tensid, das natürlich für Lebensmittel zugelassen ist und sogar in Zahnpasten verwendet wird. Zur Desinfektion haben wir Weingeist, das ist 90 %iger Ethylalkohol, zugegeben, und für den guten Duft sorgen ein paar Tropfen Zitronenöl. Außerdem haben wir auch an die geplagten Spülhände gedacht und deshalb zur leichten Rückfettung etwas Lecithin hinzugefügt. Dem nach Möglichkeit lauwarmen Spülwasser werden ein bis zwei Spritzer GeO-Wash zugesetzt. Darin das Obst bzw. Gemüse abwaschen, mit klarem Wasser nachspülen, fertig. Jetzt können Sie das Obst und Gemüse unbesorgt auch mit Schale verzehren.

Helicobacter pylori – der Quälgeist im Magen

Das gründliche Waschen von Obst und Gemüse empfiehlt sich noch aus einem anderen Grund: An der Schale haften nicht nur Schadstoffe, sondern manchmal auch Bakterien. Sie stammen häufig aus den Hinterlassenschaften von Insekten. Dies belegen wissenschaftliche Untersuchungen aus den USA. Dr. Peter Grübel vom St. Elisabeth Krankenhaus in Boston hat nachgewiesen, daß sich im Kot und Speichel der normalen, scheinbar doch so harmlosen Stubenfliege eine Bakterie namens *Helicobacter pylori* befinden kann. Diese Bakterie wurde erst vor wenigen Jahren als der Hauptverursacher für Magengeschwüre und Geschwüre des Zwölffingerdarms identifiziert. Übrigens habe ich, Jean Pütz, als erster in Europa bereits Anfang der achtziger Jahre in meiner Wissenschaftsshow auf *Helicobacter* aufmerksam gemacht. Die Stubenfliege infiziert sich durch den Kot von Menschen, die unter dieser Bakterie leiden, mit *Helicobacter*. *Helicobacter* kann nun mehrere Tage in der Fliege überleben. Nascht das Insekt in dieser Zeit an unseren Lebensmitteln, so wird es mit Sicherheit diese auch mit den Bakterien kontaminieren. Fliegen haben nämlich die unappetitliche Eigenschaft, Verdauungssäfte aus dem Magen herauszuwürgen und nach der Mahlzeit ihr Geschäft zu machen. Sowohl im „Auswurf" als auch im Kot sind *Helicobacter*-Bakterien enthalten, die auf diese Weise auf unseren Apfel oder auch Salat gelangen.
Im Magen angekommen, nisten sich die Bakterien in der zähen Schleimschicht der Magenwand und im Zwölffingerdarm ein. Als Stoffwechselprodukt scheiden die Erreger unter anderem Ammoniak aus, das die Magensäure der Umgebung neutralisiert. Die spiralförmige Bakterie lebt unter Umständen Jahrzehnte oder sogar lebenslang in der Magenschleimhaut und kann sogar Magen- und Darmkrebs auslösen.

Abb. 1: Helicobacter pylori nistet sich in der Schleimschicht der Magenwand und des Zwölffingerdarms ein. Seit einiger Zeit wird diese Bakterie für Magengeschwüre und Geschwüre des Zwölffingerdarms verantwortlich gemacht.

Test auf Helicobacter

Wer unter saurem Aufstoßen, Magendrücken oder ständigen Magenkrämpfen leidet, sollte sich auf eine *Helicobacter*-Infektion hin untersuchen lassen. Das geht heute auch ohne unangenehme Magenspiegelung oder Biopsie. Ein einfacher Bluttest weist nämlich Antikörper gegen den Erreger nach. Sollte eine Infektion vorliegen, so kann sie mit zwei Antibiotika und einem säurehemmenden Präparat erfolgreich behandelt werden.

Die Ballaststoffe der Hobbythek

Die Hobbythek setzt seit Jahren auf ballaststoffreiche Kost und hat eine Reihe von löslichen und unlöslichen Ballaststoffen initiiert. Diese können praktisch allen Speisen zugesetzt werden, das heißt man kann sie zum Beispiel in Suppen oder Getränke rühren oder sogar Brot damit backen. Die Lebensmittel können dadurch in ihrer Ballaststoffbilanz verbessert werden.

Wasserunlösliche Ballaststoffe

Die unlöslichen Ballaststoffe erinnern in ihrem Aussehen an feingemahlene Fasern. Lösliche wie unlösliche Ballaststoffe sorgen für voluminösen und wasserhaltigen Stuhl und fördern so eine feuchtere Darmschleimhaut. Der weichere Stuhl beugt zudem einer Hämorrhoidenbildung vor. Für eine regelmäßige Verdauung sind Ballaststoffe unabdingbar.

Apfelflocken HT

Diese dunklen Flocken entstehen aus entsafteten und getrockneten Äpfeln. Die Flocken sind knusprig und eignen sich sehr gut als Bereicherung für Müslis oder als knackige Beigabe zu Joghurt und Quark. Apfelflocken enthalten 60 Prozent Ballaststoffe, davon 47 Prozent unlösliche und 13 Prozent lösliche. Mit 100 kcal pro 100 Gramm sind Apfelflokken allerdings keineswegs kalorienarm.

Erbsenfaser HT

Hierbei handelt es sich um ein helles, feingemahlenes Mehl aus Erbsenschalen, das weitgehend geschmacksneutral ist. Erbsenfaser HT enthält 92 Prozent Gesamtballaststoffe, davon sind ca. 84 Prozent unlösliche und acht Prozent lösliche Bestandteile. Erbsenfaser hat 20 kcal pro 100 Gramm.

Weizenfaser HT

Weizenfaser hat eine weiße Farbe und praktisch keinen Eigengeschmack. Sein Ballaststoffgehalt liegt bei 97 Prozent, wovon 94 Prozent unlösliche sind. Das Pulver ist besonders als Zugabe zu Backwaren, Nudeln und Aufläufen geeignet. In allen Speisen, die relativ viel Mehl enthalten, können bis zu zehn Prozent des Mehls oder auch mehr durch Weizenfaser HT ersetzt werden. Weizenfaser HT läßt sich aber auch sehr gut in Suppen einrühren. Weizenfaser hat 20 kcal pro 100 Gramm – dieser Wert ist praktisch zu vernachlässigen.

Orangenfaser HT

Dieser neue Ballaststoff der Hobbythek verbindet die Eigenschaften von Erbsen- und Weizenfaser mit einer eigenen Geschmacksnote, die sich am ehesten mit Bitterorange vergleichen läßt. Während Erbsen- und Weizenfaser praktisch zu jeder Speise hinzugegeben werden können, ohne deren Geschmack zu verändern, ist dies bei Orangenfaser nicht möglich. Oft ist das leicht bittere Orangenaroma aber gerade der letzte Pfiff für ein Rezept. Der Ballaststoffgehalt des gelben Pulvers liegt bei 60 Prozent – 32 Prozent unlösliche und 28 Prozent lösliche. Da manche Menschen Orangenfaser als etwas rauh auf der Zunge empfinden, sollten den Speisen nur kleine Mengen dieses Ballaststoffs, ca. ein Meßlöffel pro 100 Gramm, zugegeben werden. Orangenfaser hat 102 kcal pro 100 Gramm.

Wasserlösliche Ballaststoffe

Bei den löslichen Ballaststoffen handelt es sich um wasserlösliche Pflanzenstoffe, die alle ein ausgeprägtes Quellvermögen besitzen, dazu zählen auch sogenannte Schleime und Gummis. Der wichtigste natürlich vorkommende Quellstoff ist das Pektin, das sich überwiegend in Früchten findet. Es bindet hier sozusagen den Saft in den Früchten. Pektin bildet sich aus kettenförmig zusammengesetzter Galacturonsäure. Im Darm bilden Pektine Gele und binden dabei Wasser, Kationen und Schadstoffe.
Weitere lösliche Ballaststoffe sind Schleimstoffe der Getreiderandschichten, wie die Pentosane des Roggens und die in Hafer und Gerste vorkommenden Beta-Glucane, oder Glucomannane wie Konjacmehl.

Konjacmehl und Konjac-Konzentrat
Die Konjacpflanze *Amorphophallus konjac* ist eine in Japan verbreitet kultivierte Pflanze, die auch als Teufelskralle bezeichnet wird. Aus ihrer Wurzel werden die Ballaststoffe Konjacmehl und Konjac-Konzentrat gewonnen. Konjacmehl hat 12 kcal pro 100 Gramm und 70 Prozent Ballaststoffe, die alle löslich sind. Konjac-Konzentrat besitzt sogar nur 4 bis 12 kcal pro 100 Gramm und einen Ballaststoffgehalt von 90 Gramm pro 100 Gramm, die ebenfalls alle löslich sind. Konjacmehl und -Konzentrat sind extrem wasserbindend und völlig geschmacklos. Sie eignen sich unter anderem zum Andicken von Milchspeisen und Puddings.

Bisher wurden beide Konjacprodukte aus Japan geliefert. Mittlerweile gibt es aber auch eine Bezugsquelle in China, die beide Produkte in gleicher Qualität, aber zu erheblich günstigeren Preisen liefert. Dies wird sich zukünftig auch für Sie bemerkbar machen, die Preise werden nämlich auch hier sinken.

Abb. 2: Konjac-Konzentrat (links) und Konjacmehl (rechts) bestehen vorwiegend aus Kohlenhydraten, nämlich Glucomannanen, und besitzen ein hohes Quellvermögen.

Prebiotische Ballaststoffe

Zu den löslichen Ballaststoffen gehören auch die sogenannten prebiotischen. Das sind spezielle Ballaststoffe, die den probiotischen Bakterien besonders schmecken und diese somit im Wachstum fördern. Wegen dieser Wirkung haben wir ihnen ein eigenes Kapitel gewidmet.
Es handelt sich um die löslichen Ballaststoffe Oligofructose, Inulin und Gummi arabicum.

Oligofruct HT und Inulin HT
Bei Oligofruct HT handelt es sich um ein weißes Pulver, die Oligofructose. Oligofructose besteht aus kleinen Ketten, die sich aus etwa zwei bis sieben Fructose-, das heißt Fruchtzuckermolekülen, zusammensetzen. „Oligo" bedeutet „wenig", die Moleküle bestehen also nur aus wenigen Fruchtzuckerbausteinen. Oligofructose kommt auch in der Natur vor, wird aber in der Regel aus Polyfructose, aus sogenanntem Inulin, gewonnen.

Inulin findet sich in großer Menge in der Zichorienwurzel, aber auch in Zwiebeln und Lauch. Inulin HT setzt sich wie die Oligofructose aus Fruchtzuckermolekülen zusammen, allerdings aus längeren Ketten von 2 bis 60 Molekülen. Sie wird deshalb auch als Polyfructose bezeichnet, denn „poly" bedeutet „viel" oder „viele". Oligofruct hat 160 kcal und einen Ballaststoffgehalt von 90 Gramm – ausschließlich lösliche – pro 100 Gramm. Inulin besitzt 120 kcal und ebenfalls 90 Gramm ausschließlich löslicher Ballaststoffe pro 100 Gramm.
Beide Stoffe verbinden ihre Eigenschaft als Ballaststoff mit einem sehr angenehmen Geschmacksgefühl. Die Oligofructose schmeckt leicht süßlich, Inulin entwickelt dagegen nur wenig Süße, verleiht den Speisen jedoch einen cremigen Charakter. Oligofruct und Inulin eignen sich geradezu ideal für Joghurts: Inulin verwandelt einen Magermilchjoghurt in einen cremigen Genuß, Oligofructose verleiht Milchprodukten einen leicht süßen, angenehmen Geschmack.

Oligofructose zieht Wasser an und bildet dann Klumpen, deshalb muß sie immer in einem luftdicht verschließbaren Glas aufbewahrt werden.

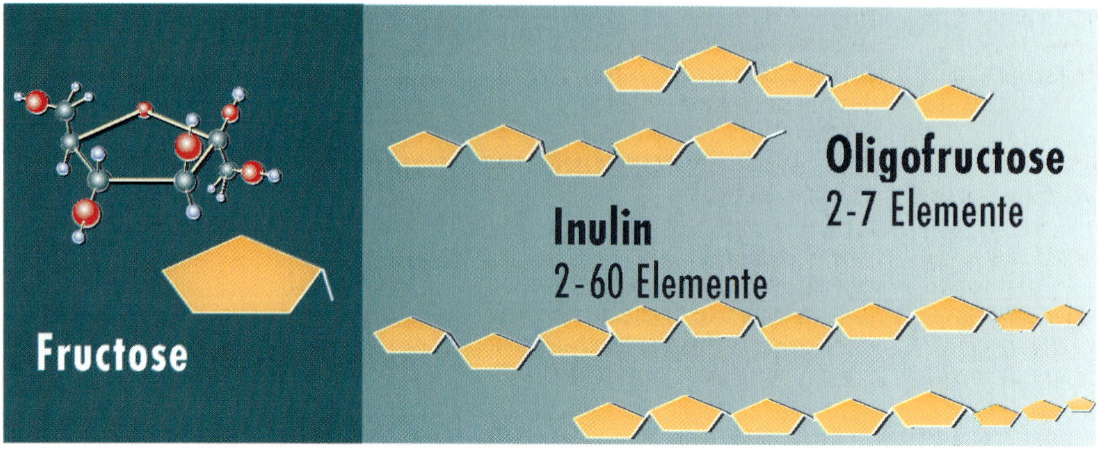

Abb. 3: Oligofructose besteht aus zwei bis sieben Fruchtzuckermolekülen, Inulin dagegen aus bis zu 60. Beide Stoffe gehören zu den sogenannten prebiotischen Ballaststoffen.

Ballaststoffe und Blähungen

Ballaststoffe können Blähungen verursachen, denn wenn die Darmbakterien die Ballaststoffe im Dickdarm abbauen, entstehen Gase. Im Prinzip sind Blähungen also ein Zeichen für die Wirksamkeit der Ballaststoffe. Insbesondere Menschen, die vorher jahrelang ballaststoffarme Kost zu sich genommen haben, reagieren hier empfindlich. Sie sollten sich langsam an die Ballaststoffe gewöhnen und die Dosis nur allmählich steigern. Auf diesem Weg kann sich der Körper langsam an die neue Ernährung gewöhnen.

Insbesondere Inulin und Oligofructose können heftige Blähungen verursachen, vor allem dann, wenn die Portionsdosis von gut zwei Gramm überschritten wird. Bei diesen beiden löslichen Ballaststoffen sollte man sich deshalb wirklich an das Limit halten, auch wenn es wegen des guten Geschmacks unter Umständen schwerfallen sollte. Einige wenige Menschen reagieren aber auch auf geringe Mengen dieser Ballaststoffe extrem empfindlich. Sie sollten unter Umständen ganz auf diese beiden prebiotischen Ballaststoffe verzichten.
Doch wir haben alternativ einen anderen prebiotischen Ballaststoff zu bieten, der gut vertragen wird und überhaupt keine Blähungen verursacht: Gummar HT. Während Inulin und Oligofructose auch in Fertigprodukten aus dem Supermarkt enthalten sind, ist unsere Entdeckung bisher einmalig.

Gummi arabicum – Gummar HT

Bei diesem Ballaststoff handelt es sich um eine Substanz mit dem etwas eigenartigen Namen „Gummi arabicum", die wir Gummar HT genannt haben. Gummi arabicum besteht aus Kohlenhydraten: Drei verschiedene Zuckerbausteine, nämlich Galactose, Arabinose und Ramnose, und die organische Säure Glucuronsäure sind dabei komplex verknüpft.

Der menschliche Körper besitzt kein Enzym, das diese Verbindung spalten kann. Deshalb gelangt Gummi arabicum unverdaut in den Dickdarm und dient dort den nützlichen Darmbakterien als Nahrung. Anders als bei Inulin oder Oligofructose benötigen die Darmbakterien jedoch Zeit, bis sie die Riesenmoleküle zerlegt haben, da viele Enzyme zum Abbau notwendig sind. Auf diese Weise werden immer nur sehr kleine Gasmengen frei, Blähungen bleiben aus.
Die europäische Gemeinschaft hat Gummi arabicum als Lebensmittelzu-

satzstoff ohne mengenmäßige Begrenzung klassifiziert. Überdosierungen können bei diesem Stoff also nicht auftreten.

Die Heimat von Gummi arabicum ist Afrika. Die Akazien, aus deren Harz der Stoff gewonnen wird, wachsen in der Savanne und in Wüstenregionen südlich der Sahara. Der Akazienanbau steuert der beängstigenden Ausweitung der Wüste Sahara entgegen und gehört zu den Hoffnungsträgern der ökologisch arg geschundenen Sahelzone. Durch den Kauf dieses Produkts können die Menschen in den Industrieländern den Menschen der „Dritten Welt" zu einem guten Einkommen verhelfen, vorausgesetzt es findet hier eine faire Preisgestaltung statt.
Die Menschen in der Heimat von Gummi arabicum nutzen seit Jahrhunderten, wenn nicht sogar seit Jahrtausenden, das Baumharz. In Mauretanien beispielsweise wird es ganz selbstverständlich dem normalen Essen in größeren Mengen zugesetzt und hält so den Darm auf Trab. Mit Gummi arabicum werden hier außerdem infektiöse Durchfallerkrankungen behandelt. Vermutlich sind es die bakterienbindenden Eigenschaften von Gummi arabicum, die sich die Menschen hier zunutze machen.

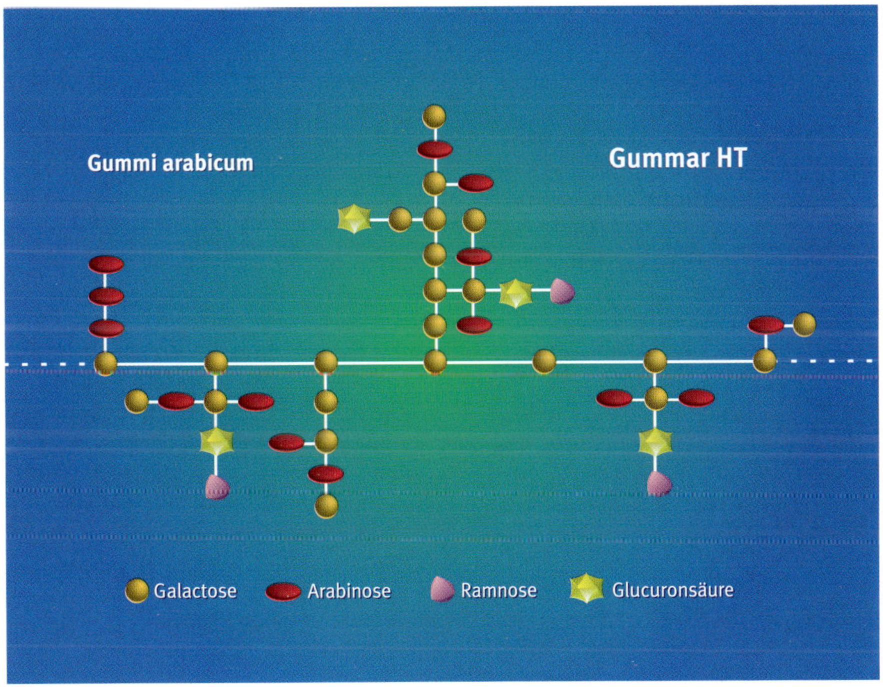

Abb. 4: Beim Abbau dieser komplexen Verbindung benötigen die Darmbakterien sehr unterschiedliche Enzyme und damit viel Zeit. Die Folge: Gummar HT verursacht keine Blähungen.

Gummar HT

Gummar HT ist granuliert und bildet deshalb keine Klumpen; seine Anwendung ist also denkbar einfach. Gummar HT ist kaltlöslich und kann bis zu 50 Prozent in Wasser eingerührt werden. Es eignet sich für Joghurts, Müslis oder Getränke, aber auch für Suppen, Gemüse, Saucen und sogar für selbstgebackenes Brot. Man kann ohne Probleme bis zu 15 Gramm pro Tag und mehr essen. Es schmeckt völlig neutral und verbessert wie kaum ein anderer Stoff auf bequemste Weise die Ballaststoffbilanz. Gummar HT hat nur 2 kcal pro 100 Gramm.

Ballastsüße HT

Dieses Pulver enthält überwiegend Oligofructose, ca. 25 Prozent Gummar HT und außerdem den Süßstoff Acesulfam – eine ideale Kombination aus Ballaststoffen und Süßkraft also. Ein Teelöffel, das sind ca. vier Gramm, enthält 0,8 Gramm lösliche Ballaststoffe aus Gummar HT, 2,7 Gramm aus Oligofructose und etwa 4 kcal. Es entspricht einer Süßkraft von ca. sechs Gramm Zucker (24 kcal).

Rezepte, Rezepte

Die folgenden Rezepte schmecken natürlich besonders gut, wenn Sie selbstgemachte Milchprodukte verwenden, die ja zudem noch gesunde probiotische Keime enthalten. Natürlich lassen sich die Rezepte aber auch mit käuflichen Produkten realisieren. Wer also das Selbermachen scheut, kann trotzdem mitkochen.

Einstieg in den Tag – das Frühstück

Müsli am Morgen
(Für 1 Portion)

50 g	Haferflocken
10 g	Kürbiskerne
15 g	Rosinen
40 g	getrocknete Aprikosen, kleingeschnitten
5 g	Puffreis
10 g	Walnüsse, gehackt
200 g	Joghurt
70 g	blaue Weintrauben, halbiert
1 EL	Apfelsüße

Alle Zutaten vermischen und als gesundes Frühstück genießen.

Abb. 1: Frühstücksjoghurt „Fit in den Tag"

Frühstücksjoghurt „Fit in den Tag"
(Für 1 Portion)

1 TL	Frusip's Guarana
2 TL	Frusip's Kirsche
1 Meßl.	Guaranapulver
ca. 100 g	Joghurt

Einfach Frusip's und Guaranapulver in den Joghurt rühren – fertig. Bei Bedarf mit Zucker, Honig oder Lightsüß süßen. Liebhaber von Cornflakes und Früchten können selbstverständlich diesen Joghurt damit verfeinern.

Walnußjoghurt
(Für 1 Portion)

je 1 TL	Frusip's Walnuß, Nougat und Orange
½ Meßl.	Orangenfaser
1 EL	gehackte Walnüsse
ca. 100 g	Joghurt

Frusip's, Orangenfaser und gehackte Walnüsse unter den Joghurt rühren. Je nach Belieben süßen. Der Joghurt schmeckt am besten, wenn er frisch zubereitet verzehrt wird.

Joghurt „Winterapfel"
(Für 1 Portion)

150 g	Joghurt
25 g	geröstete Mandeln, gehackt oder gehobelt
1	Apfel, gewürfelt
1 TL	Frusip's Apfel-Zimt
1 Msp.	Zimt
evtl. 1–2 Tabl.	Lightsüß oder 5–10 TL Honig oder Zucker

Verrühren Sie die Zutaten einfach miteinander, und Sie erhalten einen Joghurt, der nach Advent schmeckt.
Tip: Dünsten Sie die Apfelstücke noch etwas in Calvados an, sie bekommen ein tolles Bratapfelaroma und schmekken so auch sehr gut als Dessert, das nicht nur einen Gänsebraten auf einmalige Art und Weise abrundet.

Kerniger Schafmilchjoghurt
(Für 5–6 Portionen)

750 g	Schafmilchjoghurt
50 g	ganze, blanchierte Mandeln, grob gehackt
50 g	Pistazien, halbiert
50 g	Sonnenblumenkerne
4–5 Tabl.	Lightsüß oder 2 EL Honig oder Zucker
1 TL	Zimt, gemahlen
evtl. 1 Spritzer	Frusip's Walnuß
1 TL	Muskatnuß oder Kardamom, gemahlen
1 Meßl.	Weizenfaser

Joghurt eventuell in einem Küchentuch etwas abtropfen lassen, mit Mandeln, Pistazien und Sonnenblumenkernen verrühren. Nach Geschmack mit Lightsüß, Honig oder Zucker und mit Zimt, Frusip's Walnuß und Muskatnuß abschmecken. Zum Schluß Weizenfaser unterrühren und mit Kardamom oder Muskatnuß bestreuen.
Schafmilchjoghurt schmeckt besonders würzig, leider ist er aber auch recht teuer, da ein Liter Schafmilch selten unter 5 DM erhältlich ist. Schafmilch läßt sich ebenso gut wie Kuhmilch mit unserer LaBiDa-Kultur zu Joghurt verarbeiten. Unser Schafmilchjoghurt schmeckt besonders gut mit dem folgenden Ballastkrokant.

Ballastkrokant für süße Milchspeisen und Müslis

50 g	blanchierte Mandeln
50 g	Pistazien, gehackt
50 g	Sonnenblumenkerne
100 g	Isomalt

Isomalt ist eine Verbindung aus Sorbit, Mannit und Traubenzucker, die keine Karies verursacht. Nüsse und Kerne in einer beschichteten Pfanne ohne Fett rösten, Isomalt schmelzen und Nüsse unterrühren. Die Masse auf Backpapier ausstreichen und nach dem Erkalten in Stücke brechen. Statt Mandeln und Pistazien können Sie auch Kürbiskerne und Leinsamen verwenden. Der Krokant kann über den Joghurt gestreut oder hineingerührt werden. Er eignet sich hervorragend für nahezu alle süßen Desserts aus Joghurt oder Quark.

Milchreis „Kraftprotz"
(Für 1–2 Portionen)

50 g	Milchreis, gekocht
150 g	Joghurt
2 TL	Orangenfaser HT
2–3 Tabl.	Lightsüß oder 2–3 TL Zucker oder Honig
2 EL	Mandeln, gehackt
1 EL	Pistazien, gehackt
1 Prise	Zimt
1 Meßl.	Rosenwasser HT

Abb. 2: Milchreis „Kraftprotz"

Milchreis nach Packungsanweisung in Milch garen, abkühlen lassen und mit Joghurt und Orangenfaser vermischen. Der Milchreis sollte nach Geschmack mit Lightsüß, Honig oder Zucker gesüßt werden. Mandeln und Pistazien schmecken besonders gut, wenn sie zuvor in einer Pfanne trocken angeröstet wurden, dann unter den Milchreis rühren. Zum Schluß mit Zimt und Rosenwasser abschmecken. Die Orientalen sagen dieser Speise sogar eine potenzsteigernde Wirkung nach.

Mohn-Marzipan-Joghurt
(Für 1 Portion)

150 g	Joghurt
1 EL	Quark
1 TL	Frusip's Marzipan
1 TL	Ballastsüße HT oder
	2 TL Honig oder Zucker
1–2 TL	Mohnsamen

Joghurt mit Quark vermischen und Frusip's Marzipan sowie Ballastsüße, Zucker oder Honig unterrühren. Zum Schluß die Mohnsamen untermischen. Mohnsamen haben einen sehr hohen Ballaststoffgehalt von 20,5 Gramm pro 100 Gramm.

Birnen-Feigen-Joghurt
(Für 1 Portion)

3	kleine reife Birnen
2	Feigen
100 g	Joghurt
1 TL	Apfelflocken

Birnen und Feigen gut waschen (GeO-Wash, siehe *Seite 55*) und in kleine Stücke schneiden. Das Feigeninnere mit einem Teelöffel herauslösen. Früchte in den Joghurt geben und ziehen lassen. Eventuell mit Lightsüß, Honig oder Zucker süßen und mit Apfelflocken garnieren.

Joghurt „Tropical"
(Für 1 Portion)

1	Orange
½	Banane
1 Meßl.	Gummar HT
100 g	Joghurt
5 g	Kokosflocken

Orange schälen und sauber filetieren. Banane mit der Gabel zerdrücken und sofort mit Orangenstückchen mischen. Gummar HT in Joghurt rühren und die Fruchtmischung dazugeben, Kokosflocken unterheben. Bei Bedarf mit Honig, Zucker oder Lightsüß süßen.

Cremiger Fruchtquark „Kir Royal"
(Für 1 Portion)

1–2 EL	Sprudelwasser
80 g	Quark
2 EL	schwarze Johannisbeeren
2 TL	Frusip's Cassis
1 EL	Johannisbeerlikör
evtl. 2–3 Tabl.	Lightsüß oder 2–3 TL Honig oder Zucker

Sprudelwasser in den Quark rühren, Johannisbeeren unterheben und mit Frusip's Cassis und Johannisbeerlikör versetzen. Nach Belieben süßen.

Beauty-Dickmilch
(Für 1 Portion)

100 ml	Dickmilch
1 TL	Schwarzbrotwürfel
1 TL	Haferflocken, geröstet
½	Apfel, gewürfelt
½	Banane, in dünne Scheiben geschnitten
	Zimt
1–2 Tabl.	Lightsüß oder 1–2 TL Honig oder Zucker

Dickmilch mit Schwarzbrotwürfeln und gerösteten Haferflocken verrühren. Apfel- und Bananenstücke unterheben und nach Belieben mit Zimt abschmekken, nach Bedarf süßen.

Multivitamin-Kefir
(Für 2 Portionen)

100 g	tiefgekühlte Früchte (Beerenmischung, Tropische Mischung)
1 EL	Frusip's Cassis
200 g	Kefir
evtl. 2–3 Tabl.	Lightsüß oder 2–3 TL Honig oder Zucker

Aufgetaute Früchte mit Frusip's und Kefir pürieren und je nach Geschmack mit Lightsüß, Honig oder Zucker abschmekken.

Eignet sich nicht nur zum Frühstück, sondern auch sehr gut als Nachtisch oder kleiner Snack für zwischendurch. Verdünnt mit 100 Millilitern Magermilch ist dieser Früchtekefir ein erfrischender Durstlöscher für die warme Jahreszeit.

Erfrischende Drinks für den ganzen Tag

Joghurtdrink „Pink Grapefruit"
(Für 1–2 Portionen)

150 g	Joghurt
50 ml	Orangensaft
1 TL	Frusip's Pink Grapefruit
1 TL	Ballastsüße HT oder 2 TL Honig, Zucker oder 2 Tabl. Lightsüß
evtl. 1 Schuß	Sprudelwasser

Alle Zutaten mit dem Mixer bzw. dem Pürierstab schaumig rühren.

Erfrischungsshake nach dem Sport
(Für 1 Portion)

100 ml	Sprudelwasser
100 g	Joghurt
1 EL	Frusip's Apfel-Cranberry oder Pink Grapefruit
1 EL	Fruchtsüße HT oder 1 EL Honig oder Zucker
1 Msp.	Multimineralpulver HT Super

Alle Zutaten mit dem Mixer oder Pürierstab aufschlagen und sofort genießen.

Gurkentrinkjoghurt „Tsatsiki"

(Für 2 Portionen)

350 g	Joghurt
2 TL	getrocknete oder frische Minze, gehackt
1 TL	Frusip's Zitrone-Limette
1	Gurke, geschält und gewürfelt
1	Knoblauchzehe
	Salz, Pfeffer

Joghurt, Minze, Frusip's und Gurke fein mit dem Mixer oder Passierstab pürieren. Knoblauch abziehen und zerdrükken und den Trinkjoghurt mit Salz, Pfeffer und Knoblauch pikant abschmecken.

Mango-Lassi

(Für 1 Portion)

100 g	Joghurt
1–2 EL	Sprudelwasser
1 EL	Frusip's Mango
1 Spritzer	Zitrone
1 TL	Ballastsüße
evtl.	Minzezweig oder Zitronenmelisseblättchen

Alle Zutaten mit dem Mixer oder Passierstab gut aufschäumen und eisgekühlt mit einem Minzezweig oder Zitronenmelisseblättchen garniert servieren. Das bringt den Kreislauf so richtig in Schwung.

Es muß nicht immer Joghurt sein ...

Dickmilch „Copacabana"

(Für 1 Portion)

100 ml	Dickmilch
100 ml	Sprudelwasser
1 EL	Frusip's Zitrone-Limette oder 1 EL Zitronensaft
½	Banane, in Scheiben geschnitten
1 Spritzer	Rum oder Kokoslikör
1 TL	Hafercrispies

Dickmilch, Sprudelwasser, Frusip's Zitrone-Limette oder Zitronensaft, Bananenstücke und Rum oder Likör mit dem Mixer oder Passierstab schaumig rühren. Kurz vor dem Genießen die Hafercrispies zufügen.

Spritziger Trinkkefir

(Für 1–2 Portionen)

100 g	Kefir
1–2 TL	Frusip's Orange oder Kirsche
½ Glas	Sekt
1 EL	Apfelsüße

Abb. 3: Eine Erfrischung für heiße Sommertage: Dickmilch „Copacabana" und Spritziger Trinkkefir.

Die gut gekühlten Zutaten zusammengeben. Kefir harmoniert besonders gut mit Alkohol, da er von Natur aus ebenfalls eine geringe Menge Alkohol enthält. Ein erfrischendes und anregendes Getränk.

Molkefit „Guten Morgen"

(Für 1–2 Portionen)

150 ml	Molke
50 ml	Orangensaft, frisch gepreßt
2 TL	Frusip's Multivitamin oder Orange
1 TL	Ballastsüße

Alle Zutaten miteinander verrühren und gut gekühlt trinken. Eventuell Eiswürfel dazugeben.

Molkefit „Piña Colada"

(Für 1–2 Portionen)

150 ml	Molke
50 ml	Ananassaft
1 TL	Frusip's Ananas
1 TL	Frusip's Kokosnuß
1½ TL	Ballastsüße

Alle Zutaten miteinander verrühren und gut gekühlt trinken. Eventuell Eiswürfel dazugeben.
Unsere Piña Colada schmeckt auch hervorragend ohne Alkohol und löscht gesund und schnell den Durst.

Dips und Brotaufstriche

Der Übergang zwischen einem Dip und einem Brotaufstrich ist fließend. Im Prinzip kann auch ein Butterbrot mit einem Dip bestrichen werden, und umgekehrt lassen sich auch Gemüsestreifen oder Nachos in einen Brotaufstrich „dippen". In jedem Fall handelt es sich um dickflüssige oder streichfähige würzige Cremes, die in der heutigen Zeit auf keiner Party fehlen dürfen.

Scharfer Bananen-Curry-Dip „India"

100 g	Joghurt
1	Banane
1 TL	Senf (mittelscharf oder süß)
1 EL	Tomatenmark
1 TL	Curry
½ TL	Ingwer, gemahlen
evtl. 1 Msp.	Koriander, gemahlen
1 Spritzer	Zitrone
1 Msp.	Sambal Olek oder
1 Spritzer	Tabasco
	Salz und Pfeffer

Joghurt und Banane mit dem Mixer oder Passierstab fein pürieren. Senf, Tomatenmark sowie Curry, Ingwer und Koriander unterrühren. Zum Schluß mit Zitrone, Sambal Olek oder Tabasco, Salz und Pfeffer abschmecken. Diese Creme schmeckt nicht nur als Dip oder Brotaufstrich, sondern auch zu indischen Geflügelgerichten.

Pikante Sesamcreme

500 g	Joghurt
15 g	Sesam
1 TL	Tomatenmark
1 EL	Sesam- oder Erdnußöl
	Curry, Salz und Pfeffer

Lassen Sie den Joghurt zunächst über Nacht abtropfen, wie im Rezept „Süße Joghurthäufchen" auf *Seite 73* beschrieben. Rösten Sie dann den Sesam ohne Fett goldgelb und rühren ihn in den Joghurt. Tomatenmark und Öl hinzufügen, alles gut verrühren und nach Geschmack würzen. Diese Creme eignet sich als Dip zu Fleisch und Gemüse, schmeckt aber auch sehr gut als Aufstrich für Brötchen oder Vollkornbrot.

Joghurt-Meerrettich-Creme

250 g	Joghurt
2 EL	Meerrettich, frisch gerieben
½ TL	Zucker oder ¼ TL Ballastsüße
½ TL	Salz
2 Msp.	weißer Pfeffer
2½ TL	Senf (mittelscharf)
1½ EL	Cognac

Den Joghurt in einer Schüssel mit dem frisch geriebenen Meerrettich – es dürfen ruhig zwei gehäufte Eßlöffel sein – verrühren, danach Zucker bzw. Ballastsüße, Salz, weißen Pfeffer, Senf und den Cognac zugeben. Alle Zutaten gut miteinander verrühren.

Diese Creme eignet sich hervorragend für kalte und warme Fischgerichte jeder Art: ob zu hauchdünn geschnittenem Räucherlachs oder zum gedünsteten Catfisch – unsere Joghurt-Meerrettich-Creme ist immer ein Genuß.

Gefüllte Avocado „Guacamole"

1	unbehandelte Zitrone
1	reife Avocado
200 g	Quark
2	Knoblauchzehen
	Salz, Pfeffer, Chilipulver
evtl.	Krabben oder Scampis zum Garnieren

Zitrone auspressen, Fruchtfleisch der Avocado so aushöhlen, daß die Schale unversehrt bleibt. Avocadofleisch mit Zitronensaft säuern, damit es nicht unappetitlich nachbräunt und mit dem Quark verrühren. Knoblauchzehen abziehen, zerdrücken und zufügen. Mit Salz, Pfeffer und Chilipulver abschmekken. Die Quarkcreme „Guacamole" in der Avocadoschale anrichten und eventuell mit ein paar Krabben oder Scampis garnieren.

Abb. 4: Gefüllte Avocado „Guacamole"

Pias Oliven-Knoblauch-Dip

100 g	schwarze Oliven
1 Bund	Basilikum
2	Knoblauchzehen
500–600 g	Quark
4 EL	Tomatenmark
4 EL	Olivenöl
1 Meßl.	Inulin
evtl. 3 TL	Ouzo
	Salz, Pfeffer

Oliven entsteinen und hacken. Basilikum waschen und ebenfalls kleinhacken. Knoblauchzehen abziehen und zerdrücken. Oliven, Basilikum, Knoblauchzehen mit den anderen Zutaten vermischen und mit Salz und Pfeffer abschmecken. Unser Oliven-Knoblauch-Dip eignet sich besonders gut als Brotaufstrich, als Dip zu Salzgebäck, Chips und Tortillas oder als Beigabe zu Fleischgerichten.

Russischer Quark-Dip

100 g	Salzgurken
200 g	Quark
1	Eigelb
2–3 EL	Wodka
3 TL	Kräutersenf (mittelscharf)
1 TL	Salz, Pfeffer
1 TL	Isomalt
	Schnittlauch, Dill
2 TL	Weizenfaser

Die Salzgurken (in Salzlake eingelegte Gurken) abtropfen lassen, würfeln und mit den anderen Zutaten pürieren. Schmeckt köstlich zu kaltem Fleisch, hartgekochten Eiern, Kartoffel- und Fischgerichten.

Aioli

1	Knoblauchzehe
200 g	Quark
4 EL	Milch
1 TL	Gummar HT
1 TL	Frusip's Zitrone-Limette
2	hartgekochte Eier
	Salz, Pfeffer

Knoblauchzehe abziehen, zerdrücken und in den Quark rühren. Milch, Gummar und Frusip's Zitrone-Limette hinzufügen. Eier in dem Knoblauchquark zerdrücken und mit Salz und Pfeffer abschmecken.
Aioli ist bei jedem Grillfest oder Barbecue das absolute Muß, denn diese ausgefallene Knoblauchcreme paßt besonders gut zu gegrilltem Fleisch oder Fisch und eignet sich hervorragend zum Dippen von Grillkartoffeln und Baguette.

Kräuterquark „Spinaci"

100 g	Spinat, tiefgekühlt
1	Knoblauchzehe
1 TL	Öl
2	hartgekochte Eier
400 g	Quark
	frische Kräuter, z. B. Schnittlauch, Petersilie, Basilikum, getrockneter Estragon, Dill, gehackt
3 EL	Senf (mittelscharf)
2 EL	grüner Pfeffer
1 EL	Erbsenfaser HT
	Salz, Pfeffer

Spinat auftauen lassen, Knoblauchzehe abziehen und zerdrücken. Öl in einem Topf erhitzen und den Spinat mit Knoblauch kurz andünsten. Abkühlen lassen. Spinat hacken, Eier pellen, grob würfeln und alles unter den Quark rühren. Kräuter, Senf, Pfeffer und Erbsenfaser ebenfalls unterrühren und mit Salz und frisch gemahlenem Pfeffer abschmecken.
Harmoniert sehr gut zu gedunstetem Gemüse, paßt aber auch zu Pellkartoffeln und als Dip zu frischer Rohkost.

Paprikaquark

200 g	Quark
4–5 EL	Milch
1	Knoblauchzehe
1	rote Paprikaschote
1 TL	Paprikapulver, edelsüß
10 g	Gummar
	Salz, Pfeffer
	Cognac

Quark mit Milch verrühren. Knoblauchzehe abziehen und hacken. Paprika waschen, vierteln, entkernen und in feine Würfel schneiden. Knoblauch, Paprikawürfel und -pulver sowie Gummar unter den Quark rühren. Mit Salz und Pfeffer abschmecken und je nach Geschmack mit einem Schuß Cognac verfeinern. Ein erlesener Brotaufstrich, schmeckt aber auch gut zu Tortillas oder Chips.

Kostas Zucchini-Tsatsiki

350 g	Quark
300 g	Joghurt
ca. 300 g	Zucchini
4	Knoblauchzehen
1 EL	Weißweinessig oder Ansatzessig Limette
4 EL	Olivenöl
1 EL	Dill, gehackt
	Salz, Pfeffer

Quark und Joghurt miteinander vermischen. Zucchini schälen und grob raspeln. Knoblauchzehen abziehen und zerdrücken. Beides unter die Quark-Joghurt-Mischung geben. Essig und Öl unter ständigem Rühren einfließen lassen. Dill zufügen und mit Salz und Pfeffer abschmecken. Als Beilage und Brotbelag köstlich.
Zur Auswahl von schmackhaften Essig- und Ölsorten schauen Sie doch einfach einmal in unser Hobbythekbuch „Essig & Öl" – es lohnt sich.

Bayrischer Obatzer

200 g	Camembert
100 g	raumweiche Butter
200 g	Frischkäse
1	mittelgroße Zwiebel, gerieben
	Paprikapulver, weißer gemahlener Pfeffer, Kümmel, Salz

Camembert, Butter und Frischkäse mit der Gabel in einer Schussel verkneten,

Zwiebel zugeben und nach Geschmack würzen. Diese bayrische Spezialität ist ein echter Genuß, besonders wenn sie aus unseren selbstgemachten Käsen hergestellt wurde. Ein idealer Brotbelag, der gut zu einer zünftigen Maß Bier paßt.

Apfel-Obatzer

200 g	Camembert
100 g	raumweiche Butter
200 g	Frischkäse
1	mittelgroße Zwiebel, gerieben
6	Radieschen, gerieben
½	Boskop-Apfel, gerieben
	Pfeffer, Salz

Camembert, Butter und Frischkäse mit der Gabel in einer Schüssel verkneten. Zwiebel, Radieschen und Apfel zugeben und nach Geschmack würzen. Der Apfel-Obatzer ist in seinem Geschmack leichter und fruchtiger als der klassische Obatzer und schmeckt ebenfalls gut zu Brot.

Abb. 5: Für die exotische Küche: Scharfer Bananen-Curry-Dip „India" und Pesto à la Hobbythek.

Scharfer Obatzer

200 g	Camembert
100 g	raumweiche Butter
200 g	Quark
1	mittelgroße Zwiebel, gerieben
1	Fleischtomate, gehäutet, entkernt und gewürfelt
1	Peperoni, kleingeschnitten
	Salz, Pfeffer, Paprikapulver

Camembert, Butter und Quark mit der Gabel in einer Schüssel verkneten, Zwiebel, Tomate und Peperoni zugeben und nach Geschmack würzen. Dieser scharfe Obatzer ist durch den Quarkanteil etwas leichter als unsere beiden anderen nach klassischem Rezept. Auf den traditionellen Camembert, der den typischen Obatzer ausmacht, haben wir allerdings nicht verzichtet. Eine Spezialität auf Brot oder zum Dippen von Tortillas und Chips.

Pesto à la Hobbythek

150 g	Pinienkerne, geröstet
1	Knoblauchzehe
2 EL	Basilikum
1 EL	Frusip's Zitrone-Limette oder frisch gepreßter Zitronensaft
3 El	Olivenöl
100 ml	Joghurt
25 g	würziger Käse, gerieben, z. B. Parmesan
1 Msp.	Weizenfaser
	Salz, Pfeffer

Pinienkerne, Knoblauch und Basilikum mit dem Mixer oder der Küchenmaschine grob zerkleinern. Frusip's Zitrone-Limette hinzufügen und weiterrühren. Wenn die Mischung glatter geworden ist, bei laufendem Gerät langsam löffelweise das Olivenöl zugeben, bis sich dieses gut mit der Sauce verbunden hat. Dann Joghurt, Käse und Weizenfaser unterrühren und mit Salz und Pfeffer abschmecken.
Dieses Rezept bietet den Höhepunkt jedes italienischen Gerichtes. Am besten schmeckt die Pesto-Creme zum beliebten Tomaten-Mozzarella-Salat, wobei Sie natürlich am besten unseren selbstgemachten Mozzarella von *Seite 46* verwenden sollten.

Salate und Salatsaucen

Edles Salatdressing

1	Schalotte
1 TL	Senf
100 ml	Gemüsebrühe
100 g	Joghurt
4 EL	Balsamicoessig
3 EL	Olivenöl
	Salz, Pfeffer
	Zucker

Schalotte abziehen, fein hacken. Senf und Gemüsebrühe zufügen. Unter ständigem Rühren erst Joghurt, dann Essig und zuletzt Öl unterrühren und mit Salz, Pfeffer und Zucker abschmekken. Dieses Dressing eignet sich für den typisch gemischten Salat aus Tomaten, Gurken und Kopfsalat und ähnliche Kombinationen.

Fruchtige Schmand-Joghurt-Sauce

200 g	Schmand
150 g	Joghurt
100 ml	Sprudelwasser
½ TL	Frusip's Zitrone-Limette oder 1 EL Zitronensaft
½ TL	Frusip's Orange oder 1 EL Orangensaft
½ TL	Senf (mittelscharf)
1 EL	rote Zwiebelwürfel
	Salz, weißer Pfeffer

Schmand, Joghurt und Sprudelwasser miteinander verrühren. Frusip's bzw. Zitronen- und Orangensaft unterrühren. Senf und Zwiebelwürfel zufügen und mit Salz und Pfeffer abschmekken. Dieses Dressing schmeckt besonders gut zu sommerlichen, fruchtigen Salaten, zum Beispiel Eichblattsalat mit Orangenfilets und Grönlandkrabben oder Chicorée mit Bananenscheiben, Eichblattsalat, Äpfeln und Walnüssen.

Roquefort-Dressing

50 g	Roquefort
50 g	Joghurt
1 EL	Weißweinessig
2 EL	Olivenöl
1 Msp.	weißer Pfeffer, Salz
	Portwein

Roquefort mit Joghurt vermengen, Weißweinessig und Olivenöl unterrühren. Mit Salz, Pfeffer und Portwein würzig abschmecken.
Ein edles Salatdressing zu allen herzhaften Salaten, die zum Beispiel mit gebratener Entenbrust oder geräuchertem Rehschinken kombiniert werden.

Leichtes Kartoffelsalat-Dressing

1	Eigelb
1 TL	Senf (mittelscharf)
2 EL	Leinöl
1 TL	Weißweinnessig
200 g	Quark
2	saure Gurken, gewürfelt
evtl. 1	Knoblauchzehe
½	Zwiebel, gewürfelt
2 EL	Gummar HT
	Salz, Pfeffer
evtl. 3 TL	Schnittlauch, in feine Röllchen geschnitten

Eigelb (frisch!) mit Senf zerschlagen und tröpfchenweise erst das Öl und dann den Essig unterrühren. Diesen Ansatz mit Quark, Gurken, abgezogener und zerdrückter Knoblauchzehe, Zwiebelwürfeln und Gummar HT vermischen. Mit Salz und Pfeffer abschmekken und nach Geschmack Schnittlauchröllchen zufügen.
Tip: Versuchen Sie doch statt gewöhnlichem Weißweinessig den selbstgemachten Weinessig HT. Dieser gibt dem Ganzen natürlich noch den letzten Pfiff. Das Rezept finden Sie im Hobbythekbuch „Essig & Öl".

Raffinierter Melonensalat
(Für 4 Personen)

2	mittelgroße Honigmelonen
150 ml	Joghurt
½ TL	Kardamom, gemahlen
1 Tabl.	Lightsüß oder 1 TL Honig oder Zucker
1 EL	Frusip's Zitrone-Limette
einige Blättchen	Zitronenmelisse

Melonen halbieren und die Ränder sternförmig einschneiden. Die Kerne mit einem Eßlöffel entfernen und das Fruchtfleisch mit einem Kugelausstecher oder Eßlöffel herauslösen. In einer kleinen Schüssel Joghurt, Kardamom, Honig bzw. Zucker oder Lightsüß und Frusip's vermischen. Die Melonenstücke in eine Schüssel geben, das Dressing darüber gießen und den Salat vorsichtig durchheben. In der vorbereiteten Melonenschale anrichten und mit Zitronenmelisseblättern garnieren.

Abb. 6: Raffinierter Melonensalat

Rote-Bete-Salat
(Für 4 Personen)

1 EL	Minzeblättchen, gehackt
2 EL	Olivenöl
1 TL	Frusip's Zitrone-Limette
250 ml	Joghurt
50 g	Frischkäse
evtl. ½ TL	Kreuzkümmelsamen
	Salz, frisch gemahlener Pfeffer
450 g	gegarte Rote Bete, in dünne Scheiben geschnitten
	einige Minzeblätter zum Garnieren

Gehackte Minzeblätter, Öl und Frusip's mit einem Schneebesen verschlagen. Dann Joghurt, Frischkäse und nach Geschmack Kreuzkümmelsamen unterrühren und mit Salz und Pfeffer würzig abschmecken. Rote Bete unterheben und mit Minzeblättern garnieren.

Fruchtiger Käse-Sellerie-Salat
(Für 2 Personen)

200 g	Edamer oder Emmentaler
4 Stangen	Staudensellerie (ca. 200 g)
1	saftige Birne (ca. 180 g)
1 kleine Dose	Mandarinen oder 1 frische Orange
100 g	Joghurt
1 EL	Gummar HT
2 EL	Frusip's Zitrone-Limette
1 TL	Frusip's Walnuß
1 Prise	Salz, weißer Pfeffer und Cayennepfeffer
2 EL	Walnußkerne, gehackt

Abb. 7: *Fruchtiger Käse-Sellerie-Salat*

Käse würfeln, Staudensellerie abfädeln und in Scheiben schneiden, Birne gut waschen (GeO-Wash, siehe *Seite 55*), halbieren und entkernen, in Stücke schneiden oder grob reiben. Mandarinen abgießen und den Saft auffangen, Joghurt mit Gummar, Frusip's und Mandarinensaft verrühren, mit Gewürzen abschmecken. Birne, Käse, Mandarinenstücke und Sellerie untermischen und zum Schluß mit den Walnußstücken bestreuen.

Suppen

Kichererbsen-Rahmsuppe „Cancun"
(Für 6 Personen)

200 g	Kichererbsen
1 EL	Weizenfaser
700 ml	Wasser oder Brühe
1 EL	Olivenöl
½	Zwiebel, gehackt
580 g	Joghurt
1	Eigelb
	Salz, Pfeffer, Kreuzkümmel
2 EL	getrocknete bzw. 5 EL frische Minze, gehackt

Kichererbsen vier Stunden in Wasser einweichen. Weizenfaser mit etwas Brühe oder Wasser zu einer sämigen Paste rühren. Öl in einem Topf erhitzen, Zwiebelwürfel darin anrösten, Kichererbsen zufügen und zwei bis drei Minuten mitschwitzen, dann mit der restlichen Brühe oder Wasser ablöschen. Die Paste aus Weizenfaser dazu und ca. 20 bis 30 Minuten köcheln lassen. Joghurt und Eigelb (frisch!) vermischen und zum Schluß in die nicht mehr kochende Brühe einrühren. Mit Salz, Pfeffer, Kreuzkümmel und gehackter Minze abschmecken.

Abb. 8: Joghurtcremesuppe „Florentiner Art"

Suppe rühren. Die Joghurtsuppe ist sowohl warm als auch kalt ein Genuß.

Joghurtcremesuppe „Florentiner Art"
(Für 3–4 Personen)

1	Knoblauchzehe, zerstoßen
500 g	Joghurt
1 Prise	Curcuma
3 EL	Olivenöl
1	große Zwiebel, fein gehackt
450 g	Spinatblätter, gewaschen und in feine Streifen geschnitten
2	kleine Porreestangen, feingehackt
1,5 l	Gemüsebrühe
3 EL	Weißweinessig
2 Meßl.	Gummar HT
	Salz, frisch gemahlener Pfeffer

Knoblauch, Joghurt und Curcuma in einer Schüssel verschlagen. In einem großen Schmortopf das Olivenöl erhitzen, Zwiebelwürfel anschwitzen, Spinat und Porree zugeben und ca. drei bis fünf Minuten mitschwitzen, mit Gemüsebrühe und Essig ablöschen. Gummar unterrühren und ca. zehn Minuten köcheln lassen. Dann in die nicht mehr kochende Suppe die vorbereitete Joghurtcreme rühren und mit Salz und Pfeffer abschmecken.

Süße Joghurtsuppe
(Für 4 Personen)

150 g	Milchreis
1 EL	Sonnenblumenöl
4 EL	Sonnenblumenkerne
2 Meßl.	Rosenwasser HT oder einige Rosenblätter (ungespritzt)
6 EL	Kokosflocken
4 EL	Frusip's Marzipan
30 g	Gummar HT
5–10 Tabl.	Lightsüß
200 ml	Sprudelwasser
300 ml	Sahne
500 g	Joghurt

Milchreis nach Packungsanweisung kochen. Öl in einem Topf erhitzen, Sonnenblumenkerne darin rösten. Rosenwasser, Kokosflocken, Frusip's Marzipan, Gummar, Lightsüß, Sprudelwasser und Sahne zufügen, umrühren. Einmal aufkochen und zum Schluß den Joghurt in die nicht mehr kochende

Tip: Servieren Sie zu dieser cremigen Joghurtsuppe unsere Quarkklößchen (siehe *Seite 76*) als Einlage. Da es sich um eine deftige Mahlzeit handelt, sollten keine süßen, sondern salzige Klößchen verwendet werden.

Kleine Zwischenmahlzeiten und Hauptgerichte

Leckere Snacks für Zwischendurch

Süße Joghurthäufchen

(Für ca. 14–16 Stück)

1 kg	Joghurt
1 geh. EL	Honig
3 EL	Ballastsüße
5 geh. EL	Mandeln, gehackt
5 geh. EL	Cashewkerne, gehackt
4 geh. EL	Kakao
1 knapper EL	Frusip's pro Person, z. B. Nougat, Karamel, Walnuß

Lassen Sie den Joghurt zunächst über Nacht in einem mit einem feinmaschigen Tuch (Küchenhandtuch oder Stoffserviette) ausgelegten Küchensieb abtropfen. Sollte er noch zu weich sein, drücken Sie ihn in dem Tuch noch etwas aus. Honig im Wasserbad oder in der Mikrowelle flüssig werden lassen und vorsichtig mit einer Gabel unter die Joghurtmasse kneten. Durch das Kneten wird die Masse wieder weicher, deshalb die Ballastsüße schnell unterziehen. Mandeln und Cashewkerne separat ohne Fett bei mittlerer Hitze goldgelb rösten. Kakao, geröstete Mandeln und die Cashewkerne getrennt in tiefe Teller geben. Aus der Joghurtmasse mit einem Teelöffel kleine Bällchen abstechen. Je ein Drittel der Joghurtbällchen im Kakao, Mandeln und Cashewkernen wälzen. Die fertigen Pralinen eine Stunde lang in der Tiefkühltruhe oder im Gefrierfach gefrieren lassen.
Auf jeden Portionsteller einen knappen Eßlöffel Frusip's nach Wahl geben und die Bällchen darauf setzen. Zur Dekoration Mandel- oder Cashewkernsplitter darüberstreuen.
Tip: Die Joghurtbällchen lassen sich am besten mit kalten Händen rollen, da der Joghurt sonst zu schnell wieder flüssig wird und sich nicht richtig formen läßt.

Abb. 9: Süße Joghurthäufchen

Pikanter Joghurt Snack
(Für ca. 8–10 Joghurtbällchen)

500 g	Joghurt
5 EL	Sesam
	Salz, Pfeffer
4 EL	frische oder tiefgefrorene Kräuter, z. B. Schnittlauch, Dill, Liebstöckel, Minze, Koriander, Petersilie, Basilikum, kleingehackt

Den Joghurt, wie im Rezept „Süße Joghurthäufchen" (siehe *Seite 73*) beschrieben, abtropfen lassen und anschließend restliche Flüssigkeit ausdrücken. Sesam ohne Fett goldgelb rösten, mit Salz und Pfeffer vermischen und in einen tiefen Teller geben. Kräuter mischen und ebenfalls in einen Teller geben. Aus der Joghurtmasse mit einem Teelöffel kleine Bällchen abstechen. Die Hälfte der Bällchen in der Kräutermischung, die andere Hälfte im Sesam wälzen. Diese herzhaften Joghurtbällchen passen als Beilage gut zu Reis- und Gemüsegerichten oder zu frischen Salaten der Saison.

Pikante Roquefortkugeln
(Für ca. 25 bis 30 Kugeln)

100 g	Roquefort
1 EL	Quark
1 EL	Erbsenfaser HT
evtl. 2 EL	weiche Butter
1 Spritzer	Portwein
	Salz, Pfeffer
	Paniermehl
2 EL	Cashewkerne oder Pistazien, gehackt

Abb. 10: Pikante Roquefortkugeln

Abb. 11: Marinierter Mozzarella „Napoli"

Alle Zutaten bis auf das Paniermehl und die Cashewkerne gut miteinander vermischen und die Masse ca. eine Stunde kühl stellen. Daraus kleine Bällchen formen. Paniermehl mit feingehackten Cashewkernen oder Pistazien vermischen und die Bällchen darin wälzen.
In kleinen Rosetten angeordnet, sind diese Roquefortkugeln das exklusive Glanzlicht auf jeder Käseplatte.

Marinierter Mozzarella „Napoli"
(Für 1–2 Personen)

1	Mozzarella
1 EL	Thymian
1 EL	Bohnenkraut
1 Zweig	Estragon
	Olivenöl

Mozzarella in hohes Gefäß geben, mit Thymian und Bohnenkraut bestreuen, Estragon dazwischen legen und mit Olivenöl auffüllen. Zwei Tage ziehen lassen. Der sonst eher geschmacksneutrale Mozzarella eignet sich nun hervorragend als Brotbelag, als Beigabe zu griechischem Salat, solo zu eingelegten Oliven oder traditionell zu frischen Tomaten.

Brandheiße Spezialitäten aus der Röhre

Deftiger Quark-Wirsing-Auflauf
(Für 3–4 Personen)

500 g	Wirsing
3	Eier
200 g	Quark
100 g	Speck, gewürfelt
	Salz, Pfeffer
1 TL	Inulin
2 EL	Sesam

Wirsing mit kochendem Wasser überbrühen (blanchieren) und abtropfen lassen. Eier trennen. Quark, Speckwürfel und Eigelb mit Salz, Pfeffer und Inulin verrühren. Den Wirsing unterheben. Das Eiweiß steif schlagen und unter die Quark-Wirsing-Masse heben. In eine Auflaufform geben und mit dem Sesam bestreuen. Bei 200 °C ca. 30 Minuten backen. Mit Knoblauchbrot servieren.
Tip: Dieser Auflauf kann auch exzellent in eine süße Delikatesse umgewandelt werden: Ersetzen Sie dazu einfach die herzhaften Zutaten (Wirsing und Speck) durch Rosinen und Obst, zum Beispiel Apfel- und Birnenscheiben.

Auberginen im Käsebett
(Für 4 Personen)

4	mittelgroße Auberginen, in ca. 6 mm breite Scheiben geschnitten
100 ml	Olivenöl
350 g	Mozzarella in Scheiben
1	Eigelb
225 g	frische Tomaten, geschält und gewürfelt
3 EL	Tomatenmark mit 3 EL Wasser vermischt
½	Zwiebel, gewürfelt
	Salz, Pfeffer
1 TL	Weizenfaser

Auberginenscheiben salzen und 30 Minuten im Sieb abtropfen lassen. Dann abwaschen und trockentupfen, im Öl goldbraun braten. Auberginen abwechselnd mit den Käsescheiben in einer Backform schichten. Besonders gut schmeckt dabei natürlich unser selbstgemachter Mozzarella von *Seite 46.* Sollten Sie jedoch auf fertig gekauften Käse zurückgreifen, können Sie alternativ statt Mozzarella auch Cheddar verwenden. Die übrigen Zutaten vermischen und darübergeben. Unbedeckt 20 Minuten im vorgeheizten Ofen bei 175 °C backen.

Abb. 12: *Auberginen im Käsebett*

Den Teig auf einem Backblech ausrollen. Die Tomaten in Scheiben schneiden und dachziegelartig auf den Teig schichten. Peperoni halbieren, fein würfeln und über die Tomaten streuen. Mit Kräutern der Provence und Chilipulver würzen. Zwiebel und Knoblauchzehe abziehen, fein hacken und unter die Crème fraîche rühren, Eier unterschlagen, mit Salz und Pfeffer würzen und die Masse über die Tomaten geben. Bei 200 °C etwa eine Stunde backen.

Tomatenauflauf „Hot Banditos"
(Für 4 Personen)

Für den Teig:

250 g	Weizenmehl
1 Msp.	Backpulver
250 g	Butter
250 g	Quark
2 TL	Weizenfaser

Alle Zutaten zu einem glatten Teig verkneten, ausrollen, zusammenklappen und für eine Stunde in den Kühlschrank legen. Den Teig dann herausholen, erneut ausrollen, zusammenklappen und wieder eine Stunde in den Kühlschrank legen. Diesen Vorgang möglichst noch zweimal wiederholen. Planen Sie diese Zeit bei Ihren Vorbereitungen ein!

Für die Füllung:

1 kg	Fleischtomaten
2	Peperoni
	Kräuter der Provence
	Chilipulver
1	Zwiebel
1	Knoblauchzehe
150 g	Crème fraîche
2	Eier
	Salz, Pfeffer

Süße Verführungen

Quarkklößchen süß und salzig
(Für 1–2 Personen)

⅛ l	Milch
1 TL	Zucker für die süßen Klößchen bzw. 1 Msp. Salz für die salzigen Klößchen
60 g	Grieß
1 Meßl.	Weizenfaser
60 g	Quark
1	Eigelb
evtl. 1 EL	Butter

Milch mit Zucker bzw. mit Salz aufkochen, Grieß und Weizenfaser einstreuen. Unter Rühren kochen, bis die Konsistenz dickflüssig ist. Vom Herd nehmen und sofort mit Quark, Eigelb und even-

tuell Butter vermischen und etwa fünf Minuten quellen lassen. Mit zwei Eßlöffeln längliche Klößchen abstechen und diese in siedendem Wasser etwa fünf Minuten ziehen lassen. Mit einem Schaumlöffel herausheben und mit kaltem Wasser abspülen.
Tip: Die süßen Klößchen mit unserer Erdbeersauce (siehe *rechts*), mit unserer Waffelfüllung (siehe *Seite 81*) oder einfach mit Zucker, Zimt und zerlassener Butter servieren.
Die salzigen Klößchen kann man auch gut anbraten und zu feinem Fischragout oder geschnetzeltem Fleisch reichen.

Quarkknödel
(Für 4–6 Personen)

750 g	Quark
2 EL	Orangenfaser HT
10 Scheiben	Vollkorn-Toastbrot
80 g	Butter oder Margarine
100 g	Puderzucker
2 EL	Frusip's Vanille
3	Eier
1 EL	Inulin
1	Prise Salz
evtl.	Minze und Pistazien, gehackt

Quark mit Orangenfaser gut verquirlen. Toast würfeln, Butter bzw. Margarine mit gesiebtem Puderzucker und Frusip's Vanille schaumig schlagen, Eier einzeln unterschlagen. Quark unterrühren, Inulin und Salz zufügen. Toastwürfel unterheben und eine Stunde ziehen lassen. Knödel formen und in kochendes Salzwasser geben, zehn Minuten ziehen lassen, abtropfen lassen und mit Erdbeersauce (siehe *unten*) oder Pflaumenbeilage (siehe *unten*) servieren, eventuell mit Minze und Pistazien garnieren

Erdbeersauce
(Für 2–4 Personen)

1 kg	Erdbeeren (frisch oder TK)
1 EL	Puderzucker
125 g	Joghurt

Erdbeeren waschen und mit Puderzucker und Joghurt pürieren – fertig ist die leckere Sauce zu Quarkklößchen und -knödeln.

Beschwipste Armagnac-Pflaumen
(Für 4 Personen)

250 g	eingemachte Pflaumen
evtl. 1–2 EL	Zucker oder
	2–4 Tabl. Lightsüß HT
1 EL	Zimt
1 Spritzer	Armagnac

Eingemachte Pflaumen im eigenen Saft erhitzen und mit Zucker, Zimt und Armagnac abschmecken.
Tip: Die Armagnac-Pflaumen schmekken besonders gut zu Quarkknödeln: Zum Servieren die Knödel in der Mitte kreuzförmig einschneiden, pro Knödel einen Eßlöffel zerlassene Butter darauf geben und mit den beschwipsten Pflaumen dekorieren.

Apfel-Quark-Auflauf
(Für 4 Personen)

400 g	Quark
50 g	Grieß, gekocht
50 g	Apfelflocken HT
40 g	gemahlene Haselnüsse
2	Eier
3–4 EL	Frusip's Apfel-Zimt
100 g	Apfelsüße
2–3	Äpfel (500 g)

Quark, Grieß und Apfelflocken mit der Hälfte der Haselnüsse verrühren. Eier trennen, Eigelb, Frusip's Apfel-Zimt und Apfelsüße cremig verquirlen und unter die Quarkmasse ziehen. Eiweiß zu Schnee schlagen und ebenfalls unter die Quarkcreme ziehen. Backofen vorheizen, runde Auflaufform einfetten, Quarkmasse einfüllen. Äpfel schälen, vierteln, entkernen und in dünne Spalten schneiden, auf die Quarkcreme drücken und mit den restlichen Nüssen bestreuen, ca. 40 Minuten bei 200 °C backen, heiß (oder kalt) servieren.

Georgisches Käsebrot
(Für 6 Personen)

Für den Teig:

300 g	Quark
100 ml	Milch
30 ml	Olivenöl
40 g	Zucker
2 TL	Salz
ca. 400 g	Mehl
1 geh. EL	Erbsenfaser
1 Päckchen	Backpulver

Abb. 13: Georgisches Käsebrot

Quark, Milch, Öl, Zucker, Salz, Mehl, Erbsenfaser und Backpulver zu einem Quark-Öl-Teig verkneten. Den Teig ca. 30 Minuten ruhen lassen. In der Zwischenzeit die Füllung herstellen.

Tip: Machen Sie das Backpulver doch einmal selber. Dazu mischen Sie einfach 25 Gramm Natron, 19 Gramm Zitronensäure, 8 Gramm Weizenmehl und 5 Gramm Kieselsäure.

Für die Füllung:

125 g	Camembert
125 g	Gouda, gerieben
125 g	Quark
125 g	Schafskäse
1	Ei
2 EL	Petersilie, feingehackt
	Salz, Pfeffer

Camembert in dünne Scheiben schneiden, geriebenen Gouda zufügen und mit dem Quark im Mixer verquirlen. Zerbröselten Schafskäse, Ei und Petersilie unterrühren und mit Salz und Pfeffer abschmecken. Backofen vorheizen, Teig ausrollen und in eine geölte Springform geben (die Ränder sollten überlappen). Käsemischung einfüllen und die überstehenden Teigränder einklappen. Ca. 30 bis 40 Minuten bei 175 °C backen. Schmeckt warm ebenso gut wie kalt. Das Käsebrot ist eine ideale Zwischenmahlzeit und läßt sich auch gut unterwegs essen.

Leckereien aus der Bratpfanne

Mariannes Quark-Reibekuchen

(Für 1–2 Personen)

2–3	rohe Kartoffeln, gerieben
2 EL	Quark
1 EL	Mehl
1 TL	Weizenfaser
	Salz, Pfeffer
	Öl zum Braten

Die Zutaten zu einem Teig verrühren und mit Salz und Pfeffer abschmecken.

Öl in einer Pfanne erhitzen und die Kartoffel-Quark-Masse zu goldbraunen Puffern ausbacken.
Variation: Geben Sie doch einmal statt Salz und Pfeffer einen Viertel geriebenen Apfel unter den Teig, dann schmekken die Reibekuchen sehr fruchtig.

Quark-Kaiserschmarren „Amaretti"
(Für 2 Personen)

2 EL	Rosinen
2 cl	Amaretto
400 g	Quark
3	Eier
4 EL	Weizenmehl
1 TL	Weizenfaser
1 TL	Orangenfaser
evtl. ½ TL	Guaranapulver
½ TL	Salz
2 EL	Milch
2 EL	Apfelsüße oder Zucker
2 EL	Butter
	Puderzucker zum Bestreuen

Rosinen in dem Amaretto einweichen (am besten über Nacht). Quark in eine große Schüssel füllen, Eier trennen, Eigelb unter den Quark ziehen. Weizenmehl, Weizenfaser, Orangenfaser, Guaranapulver, Salz und Milch unterrühren und mit Apfelsüße oder Zucker abschmecken, dann die eingelegten Rosinen zufügen. Zum Schluß das Eiweiß steif schlagen und unter die Quarkmasse geben. Etwas Butter in der Pfanne schmelzen lassen und den Teig dünn hineingeben. Von beiden Seiten goldbraun backen. Dann mit der Gabel in Stücke reißen und mit Puderzucker bestreut servieren.

Abb. 14: Quark-Kaiserschmarren „Amaretti"

Desserts

Rotweinbirnen mit Roquefort-Creme
(Für 2 Personen)

2	große, feste Birnen oder 4 Dosenbirnenhälften
150 ml	Rotwein
125 g	Roquefort
	Salz
60 g	Joghurt
2 cl	Weinbrand oder Cognac
100 g	geröstete Mandelblätter

Birnen schälen, halbieren und entkernen, im Rotwein aufkochen und in der Flüssigkeit abkühlen lassen. Roquefort mit Salz zerdrücken und mit Joghurt, Weinbrand und Mandelblättchen verrühren. Die Creme mit einem Spritzbeutel in die Birnenhälften füllen. Dieses Dessert ist der perfekte Abschluß für jedes Wildgericht.

Abb. 15: Rotweinbirnen mit Roquefort-Creme

Creme „Happy Birthday"

(Für 4–6 Personen)

400 g	Quark
1 EL	Inulin 90 HT
4–8 Tabl.	Lightsüß HT
1 TL	Konjac-Konzentrat HT
1 TL	Frusip's Kokos
1 EL	Kokosraspeln
100 g	Frischkäse
1 Glas	Preiselbeeren
evtl.	Kokosraspeln

Quark, Inulin, Lightsüß und Konjac-Konzentrat gründlich miteinander verquirlen, so daß es nicht klumpt. Konjac-Konzentrat am besten vorher in etwas Quark auflösen. Zwei Drittel der Quarkmasse mit Frusip's und Kokosraspeln verrühren und das restliche Drittel mit Frischkäse und Preiselbeeren vermischen. In mehreren Lagen übereinander schichten, eine Stunde kühl stellen und eventuell mit Kokosraspeln bestreuen.

Unsere Creme „Happy Birthday" schmeckt ein wenig nach Mäusespeck, ist aber wesentlich gesünder und deshalb für Kinder besonders geeignet.

Kirsch-Tiramisu

(Für 6–8 Personen)

ca. 120 g	Löffelbiskuit
2–3 EL	Frusip's Cappuccino
80 ml	Amaretto
300 g	Quark
1 TL	Inulin 90 HT
1 geh. EL	Ballastsüße
3–4 EL	Frusip's Vanille
1 Glas	Schattenmorellen (abgetropft ca. 300 g)
100 g	Sahne
	Kakaopulver

Löffelbiskuit in Stücke brechen, Frusip's Cappuccino und Amaretto mischen und darüber träufeln. Quark mit Inulin, Ballastsüße und Frusip's Vanille cremig rühren, Kirschen unterheben und zum Schluß die Sahne steif schlagen und unter die Quarkmasse ziehen. Die marinierten Löffelbiskuits in eine Auflaufform schichten und die Quarkmasse darüber geben, mit Kakaopulver bestäuben und mindestens eine Stunde kühl stellen.

Variation: Eine leckere Alternative zum Kirsch-Tiramisu ist ein **Cassis-Tiramisu**. Statt Amaretto nehmen Sie einfach 80 Milliliter Johannisbeerlikör, Waldfruchtlikör oder selbstgemachten Aufgesetzten aus Johannisbeeren und ersetzen das Frusip's Vanille durch drei bis vier Eßlöffel Frusip's Marzipan. Als Früchte verwenden Sie dann natürlich auch kei-

Abb. 16: Eine leckere Nachspeise ist das Cassis-Tiramisu.

ne Schattenmorellen, sondern ein Glas Blaubeeren bzw. Waldbeeren.

Karamel-Himbeer-Dessert

(Für 6 Personen)

400 g	Quark
2 EL	Frusip's Karamel
1 EL	Inulin
15 g	Ballastsüße
200 ml	Sahne
300 g	Himbeeren (frisch oder TK)
	Ballastkrokant (siehe *Seite 61*)

Quark mit Frusip's Karamel, Inulin und der Ballastsüße gut verquirlen. Sahne schlagen und unterziehen. Einen Teil der Creme in eine Schüssel füllen, einen Teil der Himbeeren darauf verteilen und mit etwas Krokant bestreuen. Eine zweite Schicht Quarkmasse aufsetzen, wieder Himbeeren und Krokant darauf verteilen. So weiter verfahren, bis die ganze Masse verbraucht ist. Mit Himbeeren und Krokant abschließen.
Dieses Dessert wirkt optisch am besten, wenn es in einer großen Glasschüssel präsentiert oder einfach in kleine Glasschälchen portioniert wird.

Für die Kaffeetafel

Waffeln à la Jean

(Für 4 Personen)

2	Eier
250 g	Weizenmehl
550 g	Joghurt
25 g	Zucker oder 3 EL Honig oder 3–6 Tabl. Lightsüß HT
evtl. 1 TL	Frusip's nach Wahl

Eier trennen, das Eiweiß steif schlagen. Eigelb mit Mehl, Joghurt, Zucker und eventuell Frusip's verquirlen. Dann vorsichtig das Eiweiß unterheben. Teig portionsweise im Waffeleisen goldbraun backen.
Dazu schmeckt die folgende Füllung besonders gut:

Füllung für Waffeln und Mariannes Quark-Reibekuchen

500 g	Frischkäse
30 g	Zucker oder 5–10 Tabl. Lightsüß HT
1	Eigelb
5 EL	zerlassene Butter
½ TL	Salz
500 ml	Saure Sahne
2	Eiweiß
evtl. 5–8 EL	Frusip's 1:20 bzw. 2–3 EL Frusip's 1:40

Den Frischkäse durch ein Sieb drücken oder durch den Fleischwolf drehen, mit den anderen Zutaten vermischen. Eiweiß schaumig schlagen und unter die

Abb. 17: Karamel-Himbeer-Dessert

Masse heben. Sie können der Füllung mit einem Frusip's nach Wahl noch eine besondere Geschmacksnote geben.

Käsesahnetorte

Für den Teig:

4	Eier
100 g	Zucker
	geriebene Schale einer unbehandelten Zitrone
80 g	Mehl
80 g	Speisestärke
2 TL	Backpulver

Eier trennen, Eiweiß steif schlagen. Zucker und Zitronenschale vermischt unter die Eigelbe rühren, Eiweiß unterziehen. Restliche Zutaten sieben und vorsichtig unterheben. Springform fetten, mit Backpapier auslegen und die Hälfte des Biskuit-Teigs auf das Backpapier geben, glattstreichen und ca. acht Minuten bei 180 °C backen. Aus der Form lösen und ebenso mit der zweiten Hälfte des Teiges verfahren.

Für die Füllung:

5 Blatt	Gelatine vom Schwein
1	Vanilleschote
2	Eier
75 g	Zucker
	geriebene Zitronenschale
½	Zitrone (Saft)
500 g	Quark
125 g	Sahne
	Puderzucker zum Bestäuben

Gelatine in kaltem Wasser einweichen, Vanilleschote halbieren und Mark mit einem Teelöffel oder kleinem Messer herauslösen. Eier trennen, Eigelbe mit zwei Dritteln des Zuckers, dem Vanillemark, der Zitronenschale und dem -saft zu einer dicken Creme aufschlagen und den Quark eßlöffelweise zugeben und verrühren. Gelatine im Wasserbad auflösen und Quarkcreme löffelweise unterrühren, Eiweiß und Sahne getrennt steif schlagen und mit dem restlichen Zucker unter die Quarkcreme rühren. Den unteren Tortenboden in die Springform legen, Quarkcreme einfüllen. Den oberen Tortenboden in zwölf Stücke schneiden und auf die Torte legen, vier Stunden kühl stellen und mit Puderzucker bestäuben.

Variation: Verwenden Sie anstelle von Zitronensaft: zwei Eßlöffel Frusip's Cappuccino (mit 1 bis 2 cl Rum), zwei Eßlöffel Frusip's Marzipan (mit zwei Eßlöffeln Mandelsplittern), zwei Eßlöffel Frusip's Walnuß oder Karamel (mit zwei Eßlöffeln Ballastkrokant, siehe *Seite 61*) oder ersetzen Sie 500 Gramm Quark durch 300 Gramm Beeren oder Obst, zum Beispiel Erdbeeren, Mandarinen, Pfirsiche, Ananas, Kiwi, Himbeeren, Johannisbeeren. Dazu können Sie statt Zitronensaft wieder Frusip's geben, am besten mit der Geschmacksnote des entsprechenden Obstes (zwei Eßlöffel bei 1:20-Sorten und nur einen Eßlöffel bei 1:40facher Konzentration).

Abb. 18: Genau das richtige für eine festliche Kaffeetafel: Käsesahnetorte.

Eis – die zarte Versuchung

Aus unserem LaBiDa-Joghurt läßt sich auch ein wunderbares Joghurteis herstellen. Der einzige Nachteil: Sie brauchen eine Eismaschine dazu. Die gibt es bereits für unter 100 DM. Bei diesen preiswerten Geräten muß man allerdings den Eisbehälter zur Vorkühlung zwölf Stunden lang ins Gefrierfach oder in die Tiefkühltruhe stellen. Für etwa 300 DM bekommen Sie Eismaschinen, die ein eigenes Kühlaggregat besitzen. Vorkühlen ist dann nicht mehr nötig. Die Eiszubereitung dauert dann 40 Minuten, bei vorgekühlter Einrichtung 20 Minuten. Wer es ganz luxuriös möchte, der muß jedoch schon 1000 DM für ein echt italienisches Designobjekt auf den Tisch legen.
Wichtig ist auf jeden Fall, daß der Joghurt während der Eisherstellung ständig gerührt wird, damit er nicht kristallisiert und zu Klumpen gefriert. Dies gewährleisten aber alle Geräte – ob teuer oder preiswert. Auch die Leser, die keine Eismaschine besitzen und sich auch keine anschaffen wollen, müssen auf unsere schmackhaften Kreationen nicht verzichten. Allerdings ist die Herstellung ohne etwas aufwendiger: Geben Sie die Eismasse einfach in eine Metallschüssel und stellen Sie diese in Ihre Gefriertruhe. Die Eismasse sollte nun mindestens alle zehn Minuten mit dem Passierstab verrührt werden, bis sie ganz gefroren ist. Um dafür zu sorgen, daß Ihr Eis cremiger wird, fügen Sie einfach der jeweiligen Rezeptur einen Schuß Alkohol hinzu. Dieser sorgt dafür, daß sich keine großen Eiskristalle

bilden und das Eis sahnig-mild und cremig schmeckt.
Geben Sie in jeden Joghurtansatz (auch bei der Herstellung mit einer Eismaschine) außerdem einen zusätzlichen Eßlöffel Magermilchpulver – also statt ein bis zwei Eßlöffel drei Eßlöffel –, dann wird das Eis noch lockerer.
Sie können übrigens alle Eisrezepte, zum Beispiel aus dem Hobbythekbuch „Fruchtig frisch mit Frusip's", mit unserem LaBiDa-Joghurt zubereiten. Ersetzen Sie dazu die im Rezept angegebene Milch- – oder bei Sorbets Wassermenge – einfach durch Joghurt. Die Zubereitung bleibt ansonsten gleich.
Alle im folgenden angegebenen Zeiten gelten für nicht vorgekühlte Eismaschinen.

Abb. 19: Leckeres Eis können Sie aus Joghurt, Dickmilch und sogar Kefir herstellen.

Joghurteis-Grundrezept
(Für 2–3 Personen)

300 g	Joghurt
3 EL	Frusip's (1:20) bzw. 1½ El Frusip's 1:40
50 g	Früchte nach Wahl, kleingeschnitten
evtl. 5–6 Tabl.	Lightsüß oder 5–6 TL Zucker oder Honig

Verrühren Sie die Zutaten gut miteinander und geben Sie die Masse in die Eismaschine. Nach 40 Minuten ist das Eis fertig.

Weihnachtseis
(Für 4 Personen)

500 g	Joghurt
2 EL	Frusip's Vanille
4 EL	Frusip's Marzipan
1 TL	Lebkuchengewürz
10 Tabl.	Lightsüß oder 50 g Zucker, Honig oder Fruchtsüße

Zubereitung wie im „Joghurteis-Grundrezept" (siehe *links*) beschrieben.

Mohneis Zitrone-Limette
(Für 2 Personen)

1 TL	Inulin 90 HT
½ Meßl.	Konjac-Konzentrat HT
150 g	Joghurt
30 g	Schmand
1 EL	Frusip's Zitrone-Limette
4–5 EL	Fruchtsüße HT
1 EL	Mohnsamen

Inulin und Konjac-Konzentrat trocken miteinander vermischen. Joghurt, Schmand, Frusip's und Fruchtsüße HT mit dem Mixer verrühren, dabei die Inulin-Konjac-Konzentrat-Mischung langsam einrieseln lassen. Anschließend die Masse in die Eismaschine füllen und Mohnsamen zugeben. Nach 40 Minuten ist das Eis fertig.

Eis, hergestellt aus Joghurt, ist noch vielen Menschen geläufig, Eis aus Dickmilch ist schon etwas besonderes und Eis aus Kefir exotisch. Unsere Experimente haben uns aber davon überzeugt, daß auch dieses Eis ausgesprochen lecker und delikat ist. Geben Sie auch bei den nun folgenden Rezepten für Dickmilch- und Kefireis in jeden Ansatz ruhig einen Eßlöffel Magermilchpulver, dann wird das Eis noch lockerer. Im Prinzip lassen sich auch alle anderen Eisrezepte mit Dickmilch oder Kefir herstellen. Ersetzen Sie dazu einfach die im Rezept angegebene Joghurtmenge durch Dickmilch oder Kefir. Die Zubereitung bleibt ansonsten gleich. Das gilt auch für die Rezepte aus dem Hobbythekbuch „Fruchtig frisch mit Frusip's", bei denen Sie die Milch oder das Wasser durch Dickmilch oder Kefir ersetzen müssen.

Dickmilch-Eistraum
(Für 2 Personen)

200 ml	Dickmilch
100 g	Sahne
3 EL	Frusip's Erdbeere
50 g	gekochter Rhabarber
4–5 EL	Fruchtsüße, Zucker oder Honig

Zubereitung wie im „Joghurteis-Grundrezept" von *Seite 84* beschrieben.

Litschi-Dickmilch-Eis „Exotica"
(Für 2–3 Personen)

100 g	Sahne
200 g	Litschis
1 TL	Frusip's Zitrone-Limette
2 EL	Ahornsirup
10 g	kandierter Ingwer, kleingeschnitten
200 ml	Dickmilch

Sahne, Litschis, Frusip's Zitrone-Limette, Ahornsirup und die sehr kleingehackten Ingwerstücke aufkochen, abkühlen lassen und mit Dickmilch vermischen. Für 40 Minuten in die Eismaschine geben – fertig.

Exotische Pflaume
(Für 2–3 Personen)

200 g	Pflaumen (Glas oder frisch)
1 EL	Zitronensaft
50 g	Puderzucker
300 g	Kefir
3 EL	Frusip's Vanille oder 2 Päckchen Vanillezucker

Pflaumen halbieren und entkernen oder aus dem Glas abtropfen lassen, mit Zitronensaft und Puderzucker fein pürieren und 20 Minuten ins Tiefkühlfach stellen. Kefir mit Frusip's oder Vanillezucker vermischen und mit der Fruchtmasse verquirlen. 40 Minuten in die Eismaschine geben.

Kefireis Pfirsichtraum
(Für 2–3 Personen)

4	Pfirsichhälften (frisch oder Dose)
1 EL	Zitronensaft
1 EL	Frusip's Mango
1 EL	Frusip's Kokos
2 EL	Apfelsüße
1 EL	Kokosraspeln
300 g	Kefir

Pfirsichhälften mit Zitronensaft und Kefir im Mixer pürieren, Frusip's, Apfelsüße und Kokosraspeln unterrühren. Masse für 40 Minuten in die Eismaschine geben.

After-Eight-Eis
(Für 3 Personen)

50 g	After-Eight-Täfelchen
350 g	Kefir
1 EL	Arrak
½ TL	Frusip's Minze
2 TL	Apfelsüße
40 g	Schokostreusel

After-Eight-Täfelchen im Wasserbad schmelzen, mit den ubrigen Zutaten verrühren und für 40 Minuten in die Eismaschine geben – fertig ist der Genuß nach „feiner englischer Art".

Register

Bezugsquellen für Hobbythekprodukte

BIOSHOP, 53840 Troisdorf, Kölner Str. 36a, Tel. 02241-978091, Fax 02203-57307.
BIOTHEK, 74348 Lauffen, Brückenstr. 19, Tel. 07133-22544.
*Fa. C & M DIE ÖKOTHEK, 73430 Aalen, Spitalstr. 14, Tel./Fax 07361-680176; 89522 Heidenheim, Hintere Gasse 18, Tel. 07321-26808.
*COLIMEX-ZENTRALE, 50996 Köln, Ringstr. 46, Tel. 0221-352072, Fax 0221-352071; Auslieferungsläden: 32312 Lübbecke, Lange Str. 1, in Stern-Apotheke, Tel. 05741-7707; 33102 Paderborn, Bahnhofstr. 18, in St.-Christophorus-Drogerie, Tel. 05251-10520; 41812 Erkelenz, P.-Rüttchen-Str., im KONTRA-Center, Tel. 02431-81071; 41849 Wassenberg, Brabanterstr. 50, im KONTRA-Center, Tel. 02432-81011; 42105 Wuppertal, Rathaus-Galerie L119, Karlsplatz 3, Tel. 0202-443988; 42853 Remscheid, im Allee-Center, Allee 74, Tel./Fax 02191-927963; 48527 Nordhorn, Schuhmachershagen 15, Tel. 05921-721072; 50226 Frechen, Marktpassage, Hauptstr. 99-103; 50321 Brühl, Mühlenstr. 37; 50667 Köln, Brüderstr. 7, Tel. 0221-2580862; 50858 Köln-Weiden, Aachener Str. 1253, Rhein Center Köln-Weiden; 51465 Bergisch Gladbach, in der Kaufhalle, Richard-Zanders-Str./Refrather Weg, Tel./Fax 02202-43103; 52062 Aachen, Peterstr. 10, Tel. 0241-30327; 52428 Jülich, Am Markt 2, in Parfümerie am Markt, Tel. 02461-2580; 53111 Bonn, Brüdergasse 4, Tel./Fax 0228-659698; 53797 Lohmar, Broich-Weber, Breiterstegmühle 1, Tel. 02246-4245; 57462 Olpe, Bruchstr. 13, Tel. 02761-5190; 63739 Aschaffenburg, Steingasse 37, Tel. 06021-26464; 67482 Altdorf, Hauptstr. 78, Colimex/Naturkosmetik; 94032 Passau, Am Schanzl 10, Turm-Apotheke, Tel. 0851-33377.
*DUFT & SCHÖNHEIT, 80331 München, Sendlinger Str. 46, Tel. 089-2608259.
HELGAS HOBBY SHOP, 63584 Gründau, Gartenstr. 19, Tel. 06058-2135.
*HEXENKÜCHE, 82152 Krailling, Luitpoldstr. 25, Tel. 089-8593135, Fax 089-8593136.
KNACKPUNKT, 73230 Kirchheim, Alleenstr. 87, Tel. 07021-41726.
MARGOTS BIOECKE, 51143 Köln-Porz, Josefstr./Ladenzeile Busbahnhof, Tel. 02203-55242, Fax 02203-57307.
McQUEEN'S NATURSHOP, 22880 Wedel, EKZ Rosengarten 6b, Tel. 04103-14950.
NATUR-OASE, 73033 Göppingen, Pfarrstr. 18, Tel. 07161-969112, Fax 07161-969113.
NATUR PUR, 06108 Halle, Kuhgasse 8, Tel. 0345-2032285.
NATUR UND HOBBYLADEN, 91710 Gunzenhausen, Strittstr. 4, Tel. 09831-8574.
PAPILLON – Die andere Pflege, 71063 Sindelfingen, Lützelwiesenstr. 17, Tel. 07031-800774.
*PURA NATURA, 90402 Nürnberg, Johannesgasse 55, Tel. 0911-209522.
*SPINNRAD GMBH/ZENTRALE, 45886 Gelsenkirchen, Am Luftschacht 3a, Tel. 0209-17000-0, Tx. 824726 natur d, Fax 0209-17000-40; Auslieferungsläden: 01239 Dresden-Nickern, Kaufpark, Dohnaer Str. 246, Tel. 0351-2882089; 04104 Leipzig, DLZ, im Hauptbahnhof, Tel. 0351-9612205; 06254 Günthersdorf, Saale Park, Tel. 03463-820803; 07743 Jena, Goethe Galerie/Goethestr., Tel. 03641-890906; 08523 Plauen, Center Bahnhof; 09125 Chemnitz, Alt Chemnitz Center, Annabergerstr. 315, Tel. 0371-514226; 10247 Berlin-Friedrichshain, Frankfurter Allee 53, Tel. 030-4276161; 10719 Berlin-Wilmersdorf, Uhlandstr. 43-44, Tel. 030-8814848; 10789 Berlin-Charlottenburg, Europacenter/Breitscheidplatz, Tel. 030-2616106; 12163 Berlin-Steglitz, Schloßstr. 1, Tel. 030-7911080; 12351 Berlin-Gropiusstadt, Johannisthaler Chaussee 295-327, Tel. 030-6030462; 12555 Berlin-Köpenick, Bahnhofstr. 33-38, Tel. 030-6520008; 12619 Berlin-Hellersdorf, Spree-Center, Hellersdorferstr. 79-81, Tel. 030-5612081; 13055 Berlin-Hohenschönhausen, Allee-Center, Landsberger Allee 277, Tel. 030-97609436; 13357 Berlin-Wedding, Badstr. 5, Tel. 030-49308939; 13507 Berlin-Tegel, Berliner Str. 27; 15745 Wildau, A 10 Center, Tel. 03375-550469; 16303 Schwedt, Oder Center, Landgrabenpark 1, Tel. 03332-421942; 17033 Neubrandenburg, Marktplatz Center, Treptower Str.; 18055 Rostock, Rostocker Hof/Kröpeliner Str., Tel. 0381-4923281; 20146 Hamburg-Rothenbaum, Grindelallee 42, Tel. 040-4106096; 21075 Hamburg-Harburg, Lüneburger Str. 19; 21335 Lüneburg, Grapengießer Str. 25, Tel. 04131-406427; 22111 Hamburg-Billstedt, Billstedt-Center, Billstedter Platz 39, Tel. 040-73679808; 22143 Hamburg-Rahlstedt, Rahlstedt-Center, Schwerinerstr. 8-12, Tel. 040-6779044; 22459 Hamburg-Niendorf, Tibarg-Center; 22765 Hamburg-Ottensen, Mercado-Center, Ottenser Hauptstr. 8, Tel. 040-392310; 22850 Norderstedt-Garstedt, Herold-Center, Berliner Allee 38-44, Tel. 040-52883730; 22869 Schenefeld, Kiebitzweg 2/Industriestr.; 23552 Lübeck, Mühlenstr. 11, Tel. 0451-7063307; 24103 Kiel, Holstenstr. 34, Tel. 0431-978728; 24534 Neumünster, Großflecken 51-53, Tel. 04321-41633; 24937 Flensburg, Große Str. 3, Tel. 0461-13761; 25524 Itzehoe, Holstein-Center, Feldschmiedekamp 6, Tel. 04821-65106; 26122 Oldenburg, Gaststr. 26, Tel. 0441-25493; 26382 Wilhelmshaven, Nordseepassage, Bahnhofsplatz 1, Tel. 04421-455308; 26506 Norden, Neuer Weg 38, Tel. 04931-992859; 27568 Bremerhaven, Bürgermeister-Smid-Str. 53, Tel. 0471-44203; 27749 Delmenhorst, Lange Str. 96, Tel. 04221-129331; 28195 Bremen, Bremer Carré, Obernstr. 67, Tel. 0421-

1691932; 28203 Bremen-Steintor, Ostertorsteinweg 42-43, Tel. 0421-3399043; 28259 Bremen-Huchting, Roland-Center, Alter Dorfweg 30-50, Tel. 0421-5798506; 30159 Hannover, Georgstr. 7, Tel. 0511-7000815; 30823 Garbsen, Havelser/Berenbosteler Str.; 30853 Langenhagen, City-Center, Marktplatz 5, Tel. 0511-7242488; 30880 Laatzen, Leine EKZ, Tel. 0511-8236700; 31134 Hildesheim, Angoulemeplatz 2, Tel. 05121-57311; 31785 Hameln, Bäckerstr. 40, Tel. 05151-958606; 32052 Herford, Lübbestr. 12-20, Tel. 05221-529654; 32423 Minden, Bäckerstr. 72, Tel. 0571-87580; 32756 Detmold, Lange Str. 36, Tel. 05231-37695; 33098 Paderborn, Königplatz 12, Tel. 05251-281759; 33330 Gütersloh, Münsterstr. 6, Tel. 05241-237071; 33602 Bielefeld, Marktpassage, Bahnhofstr., Tel. 0521-66152; 34117 Kassel, Hedwigstr. 9, Tel. 0561-14911; 34117 Kassel, Untere Königstr. 52, Tel. 0561-14339; 35390 Gießen, Kaplansgasse 2-4, Tel. 0641-792393; 35576 Wetzlar, Langgasse 39, Tel. 06441-46952; 36037 Fulda, Bahnhofstr. 4, Tel. 0661-240638; 37073 Göttingen, Gronerstr. 57/58, Tel. 0551-44700; 38100 Braunschweig, Sack 2, Tel. 0531-42033; 38226 Salzgitter, Fischzug 12, Tel. 05341-178729; 38440 Wolfsburg, Südkopfcenter, Tel. 05361-15004; 38640 Goslar, Kaiserpassage, Breite Str., Tel. 05321-43963; 39104 Magdeburg, City Carré, Kantstr. 5a, Tel. 0391-5666740; 39326 Hermsdorf, Elbe Park EKZ, Tel. 039206-52207; 40212 Düsseldorf, Schadowstr. 80, Tel. 0211-357105; 40217 Düsseldorf-Friedrichstadt, Friedrichstr. 12, Tel. 0211-3859444; 40477 Düsseldorf-Derendorf, Nordstr. 79; 40721 Hilden, Bismarckpassage, Tel. 02103-581937; 40 878 Ratingen, Obernstr. 29, Tel. 02102-992801; 41061 Mönchengladbach, Hindenburgstr. 173, Tel. 02161-22728; 41236 Mönchengladbach-Rheydt, Galerie am Marienplatz, Tel. 02166-619739; 41460 Neuss, Oberstr./Zollstr., Tel. 02131-276708; 41539 Dormagen, Kölner Str. 98, Tel. 02133-49045; 41747 Viersen, Hauptstr. 85, Tel. 02162-350549; 42103 Wuppertal-Elberfeld, Herzogstr. 28, Tel. 0202-441281; 42275 Wuppertal-Barmen, Alter Markt 7, Tel. 0202-551753; 42551 Velbert, Friedrichstr. 168, Tel. 02051-52727; 42651 Solingen, Hauptstr. 28, Tel. 0212-204041; 42853 Remscheid, Alleestr. 30, Tel. 02191-420867; 44135 Dortmund, Bissenkamp 12-16, Tel. 0231-578936; 44575 Castrop-Rauxel, EKZ Widumer Platz, Lönsstr., Tel. 02305-27215; 44623 Herne, Bahnhofstr. 45, Tel. 02323-53021; 44787 Bochum, Kortumstr. 33, Tel. 0234-66123; 44791 Bochum-Harpen, Ruhrpark Shoppingcenter, Tel. 0234-238516; 44801 Bochum-Querenburg, Uni Center, Querenburger Höhe 111, Tel. 0234-708678; 45127 Essen, City Center, Porscheplatz 21, Tel. 0201-221295; 45276 Essen-Steele, Bochumer Str. 16, Tel. 0201-512104; 45329 Essen-Altenessen, EKZ Altenessen, Altenessener Str. 411, Tel. 0201-333617; 45468 Mülheim, Forum City, Hans-Böckler-Platz 10, Tel. 0208-34907; 45472 Mülheim-Heißen, Rhein-Ruhr-Zentrum, Tel. 0208-498192; 45525 Hattingen, Obermarkt 1, Tel. 02324-55691; 45657 Recklinghausen, Kunibertistr. 28, Tel. 02361-24194; 45768 Marl, EKZ Marler Stern, Obere Ladenstr. 68, Tel. 02365-56429; 45879 Gelsenkirchen, Klosterstr. 13, Tel. 0209-208963; 45879 Gelsenkirchen, WEKA Kaufhaus, Bahnhofstr. 55-65; 45894 Gelsenkirchen-Buer, Horster Str. 4, Tel. 0209-398889; 45964 Gladbeck, Hochstr. 29-31, Tel. 02043-21293; 46047 Oberhausen, Centro/Neue Mitte Oberhausen, Marktweg, Tel. 0208-21970; 46049 Oberhausen, Bero-Center 110, Tel. 0208-27065; 46236 Bottrop, Kirchplatz 4, Tel. 02041-684484; 46282 Dorsten, Recklinghäuserstr. 4, Tel. 02362-45748; 46395 Bocholt, Westmünster-Center, Willi-Brandt-Str. 10; 46397 Bocholt, Osterstr. 51, Tel. 02871-186024; 46483 Wesel, Hohe Str. 26, Tel. 0281-34794; 46535 Dinslaken, Neustr. 31-33, Tel. 02064-72328; 47051 Duisburg, Königstr. 42, Tel. 0203-284497; 47441 Moers, EKZ Neumarkt-Eck, Tel. 02841-23771; 47798 Krefeld, Hansa Zentrum 42-43, Tel. 02151-395635; 47798 Krefeld, Neumarkt 2, Tel. 02151-22547; 48143 Münster, Ludgeristr. 114, Tel. 0251-42352; 48282 Emsdetten, EKZ Villa Nova, Bahnofstr. 2-8, Tel. 02572-88447; 48431 Rheine, Münsterstr. 6, Tel. 05971-13548; 48653 Coesfeld, Schüppenstr. 12, Tel. 02541-82747; 49074 Osnabrück, Große Str. 84-85, Tel. 0541-201373; 50672 Köln, Bazaar de Cologne/Mittelstr. 12-14, Tel. 0221-256606; 50678 Köln-Südstadt, Severinstr. 53, Tel. 0221-3100018; 50765 Köln-Chorweiler, City-Center Chorweiler, Mailänder Passage 1, Tel. 0221-7088940; 50823 Köln-Ehrenfeld, Venloer Str. 336, Tel. 0221-5103342; 51065 Köln-Mülheim, Galerie Wiener Platz; 52222 Stolberg, Rathausgalerie, Steinweg 83-89, Tel. 02402-21245; 52249 Eschweiler, Grabenstr. 66, Tel. 02403-15286; 52349 Düren, Josef-Schregel-Str. 48, Tel. 02421-10082; 53111 Bonn, Poststr. 4, Tel. 0228-636667; 53177 Bonn-Bad Godesberg, Theaterplatz 2, Tel. 0228-351075; 53757 St. Augustin, Huma EKZ, Rathausallee 16, Tel. 02241-27040; 53879 Euskirchen, Kino Center Galeria, Tel. 02251-782191; 54290 Trier, Fleischstr. 11, Tel. 0651-48237; 55116 Mainz, Kirschgarten 4, Tel. 06131-228141; 55116 Mainz, Lotharstr. 9, Tel. 06131-238373; 56068 Koblenz, Löhrstr. 16-20, Tel. 0261-14925; 56564 Neuwied, Langendorfer Str. 111, Tel. 02631-357661; 57072 Siegen, City-Galerie; 57072 Siegen, Marburger Str. 34, Tel. 0271-54540; 58095 Hagen, Elberfelder Str. 37, Tel. 02331-17438; 58239 Schwerte, Hüsingstr. 22-24, Tel. 02304-990293; 58452 Witten, Bahnhofstr. 38, Tel. 02302-275122; 58511 Lüdenscheid, EKZ Stern Center/Altenaer Str., Tel. 02351-22907; 58636 Iserlohn, Alter Rathausplatz 7, Tel. 02371-23296; 59065 Hamm, Bahnhofstr. 1c, Tel. 02381-20245; 59174 Kamen, Weststr. 16, Tel. 02307-235387; 59227 Ahlen, Oststr. 44, Tel. 02382-806677; 59555 Lippstadt, Lippe-Galerie, Kahlenstr./Langestr., Tel. 02941-58332; 60311 Frankfurt, Kaiserstr. 11, Tel. 069-291481; 60439 Frankfurt-Nordweststadt, Nord West Zentrum, Tituscorsostr. 2b, Tel. 069-584800; 63065 Offenbach, Herrenstr. 37, Tel. 069-825648; 63739 Aschaffenburg, City-Galerie, Goldbacher Str. 2, Tel. 06021-12662; 64283 Darmstadt, Wilhelminenpassage, Tel. 06151-22078; 64283 Darmstadt, Wilhelminenstr. 2, Tel. 06151-294525; 65183 Wiesbaden, Mauritius Galerie, Tel. 0611-378166; 65549 Limburg, Bahnhofstr. 4, Tel. 06431-25766; 66111 Saarbrücken, Dud-

weilerstr. 12, Tel. 0681-3908994; 66424 Homburg/Saar, Saarpfalz Center, Talstr. 38a, Tel. 06841-5351; 67059 Ludwigshafen, Bismarckstr. 106, Tel. 0621-526664; 67547 Worms, Obermarkt 12, Tel. 06241-88642; 67655 Kaiserslautern, Pirmasenser Str. 8, Tel. 0631-696114; 68159 Mannheim, Kurpfalzpassage, Tel. 0621-154662; 68161 Mannheim, U 1, 2, Fußgängerzone, Tel. 0621-1560425; 69115 Heidelberg, Das Carré, Rohrbacherstr. 6-8d, Tel. 06221-166825; 70173 Stuttgart, Lautenschlager Str. 3, Tel. 0711-291469; 70372 Stuttgart-Bad Cannstatt, Bahnhofstr. 1-5, Tel. 0711-562113; 71084 Böblingen, Kaufzentrum Sindelfinger Allee, Tel. 07031-233664; 71638 Ludwigsburg, Marstall-Center, Tel. 07141-902879; 72070 Tübingen, Kirchgasse 2, Tel. 07071-52571; 72764 Reutlingen, Metzgerstr. 4, Tel. 07121-320415; 73430 Aalen, Marktplatz 20, Tel. 07361-66543; 73728 Esslingen, Roßmarkt 1, Tel. 0711-350199; 73733 Esslingen-Weil, Neckar-Center, Weilstr. 227, Tel. 0711-386905; 74072 Heilbronn, Sülmerstr. 34, Tel. 07131-962138; 75172 Pforzheim, Bahnhofstr. 10, Tel. 07231-353071; 76133 Karlsruhe, Kaiserstr. 170, Tel. 0721-24845; 76829 Landau, Rathausplatz 10, Tel. 06341-85818; 77652 Offenburg, Steinstr. 28, Tel. 0781-1665; 78050 Villingen-Schwenningen, Niedere Str. 37, Tel. 07721-32575; 78224 Singen, Scheffelstr. 9, Tel. 07731-68642; 78462 Konstanz, Hussenstr. 24, Tel. 07531-15329; 78532 Tuttlingen, Hecht Carré, Königstr. 2, Tel. 07461-76961; 79098 Freiburg, Oberlindenpassage, Herrenstr. 49, Tel. 0761-381213; 80331 München, Asamhof, Sendlinger Str. 66, Tel. 089-264159; 80797 München-Nordbad, Schleißheimer Str. 100, Tel. 089-1238685; 83022 Rosenheim, Stadtcenter, Kufsteiner Str. 7, Tel. 08031-33536; 83278 Traunstein, Maxstr. 33, Tel. 0861-69506; 83395 Freilassing, Hauptstr. 29, Tel. 08654-478777; 85057 Ingolstadt, West Park, Tel. 08411-87822; 86150 Augsburg, Viktoriapassage, Tel. 0821-155482; 87435 Kempten, Fischersteige 4, Tel. 0831-24503; 88212 Ravensburg, Eisenbahnstr. 8, Tel. 0751-14489; 89077 Ulm-Weststadt, Blautal Center, Blaubeurer Str. 95, Tel. 0731-9314111; 89231 Neu-Ulm, Mutschler Center, Borsigstr. 15, Tel. 0731-723023; 90402 Nürnberg, Grand Bazar, Karolinenstr. 45, Tel. 0911-232533; 90402 Nürnberg, Pfannenschmidsgasse 1, Tel. 0911-2448834; 90762 Fürth, City Center, Alexander Str. 11, Tel. 0911-773663; 91054 Erlangen, Hauptstr. 46, Tel. 09131-201043; 91126 Schwabach, Königstr. 2, Tel. 09122-16849;93047 Regensburg, Maximilianstr. 14, Tel. 0941-51150; 94469 Deggendorf, Degg's Einkaufspassage, Hans-Krämer-Str. 31, Tel. 0991-3790052; 95028 Hof, Ludwigstr. 47, Tel. 09281-3641; 96052 Bamberg, EKZ Atrium, Ludwigstr. 2, Tel. 0951-202588; 96450 Coburg, Steinweg 24, Tel. 09561-99414; 97070 Würzburg, Kaiserstr. 16, Tel. 0931-15608; 99085 Erfurt-Nord, Thüringen Park, Tel. 0361-7462048.
*STELLA-ESSENZEN, 73066 Uhingen, Bleichereistr. 41, Tel./Fax 07161-939630.
SYLVI'S NATURLADEN, 88489 Wain, Obere Dorfstr. 37, Tel. 07353-1465.
WASCH- UND PFLEGEECKE, 91710 Gunzenhausen, Lindenstr. 2b, Tel. 09831-7429.

In der Schweiz:
DROGERIE LEHNER, CH-3097 Liebefeld, Kirchstr. 15, Tel. 0041-31-9714612, Fax 0041-31-9725309.
*INTERWEGA Handels AG, CH-8863 Buttikon, Postfach 125, Tel. 0041-55-4441854, Fax 0041-55-4442477.

Die mit * gekennzeichneten Firmen betreiben auch Versandhandel.
Einige Substanzen erhalten Sie auch in Reformhäusern, Drogerien, Apotheken, Bioläden und Lebensmittelläden. Vergleichen Sie die Preise!

Hinweis:
Autoren und Verlag bemühen sich, in diesem Verzeichnis nur Firmen zu nennen, die hinsichtlich der Substanzen und Preise zuverlässig und günstig sind. Trotzdem kann eine Gewährleistung von Autoren und Verlag nicht übernommen werden. Irgendwelche Formen von gesellschaftsrechtlicher Verbindung, Beteiligung und/oder Abhängigkeit zwischen Autoren und Verlag einerseits und den hier aufgeführten Firmen andererseits existieren nicht.

Weitere Hobbythekbücher

Essig & Öl: von Apfelessig bis Zimtöl

Essig & Öl – ein würziges Duo, das nicht nur für einen delikaten und feinen Geschmack sorgt, sondern auch wichtige Auswirkungen auf unsere Gesundheit hat – weit über die von Apfelessig hinaus.
Das Hobbythek-Team hat die positiven Wirkungen von Essig & Öl für Sie wiederentdeckt: In diesem Buch erfahren Sie alles über Herstellungsverfahren sowie die wichtigsten Essig- und Ölsorten, und es erwarten Sie genußvolle und gesunde Rezepte für:

- pikante Ansatzessige mit Kräutern und Gewürzen sowie Früchten, Nüssen und Frusip's
- feine und köstliche Würzöle
- selbstgemachte Margarine und verfeinerte Butter
- fruchtige und gesunde Essigdrinks
- exquisite Saucen
- köstliche Salate und Vorspeisen sowie exotische Suppen
- delikate Fleisch- und Fischgerichte
- und natürlich ausgefallene Desserts

Mit einem Rezept fur selbstgemachten Apfelessig!

Traditionelle Gemüse und Kräuter

Entdecken Sie klassische Gemüse und Kräuter, die fast in Vergessenheit geraten waren und heute eine Renaissance erleben, neu und lassen Sie sich von ihrer Vielseitigkeit überraschen. Das Hobbythekteam stellt über 60 verschiedene Sorten vor – mit vielen Informationen über Inhaltsstoffe, Einkauf, Lagerung und Zubereitung sowie praktischen Anbautips für Garten, Balkon und Fensterbank.
Die Rezepte zu den kulinarischen Köstlichkeiten steuerte Starkoch Dieter Müller, ausgezeichnet mit drei Michelin-Sternen und zweimal Koch des Jahres, bei.
Ob Pastinaken, Mangold, Schwarzwurzeln, Rote Bete oder traditionelle Küchenkräuter – zaubern Sie mit den „alten" Gemüsen und Kräutern köstliche Gerichte, die leicht und ohne größeren Aufwand zuzubereiten sind.